단번에
말 잘하는
사람들의
스피치 기술
214

단번에
말 잘하는
사람들의
스피치 기술
214

2024년 9월 19일 초판 1쇄 발행

지 은 이 정병태
이 메 일 jbt6921@hanmail.net
디 자 인 소도구
펴 낸 곳 한덤북스

신고번호 제2009-6호
등록주소 서울시 금천구 시흥대로 97 시흥유통센터 32동 302호
팩   스 (02) 862-2102

ISBN   979-11-85156-61-3 (03320)
정   가 17,500원

단번에
말 잘하는
사람들의
스피치 기술

정병태 지음

214

SPEECH

LECTURE

PRESENTATION

단 한 권으로 정복하는 스피치 필승공식

누구나 자신 있고 담대하게, 스피치 혁명

한덤북스

"세상에 단 하나밖에 없는
스피치 공식"

결국 '찾아냈다!'

하나는, **말을 잘하는 법**.

스피치를 배운 사람과 배우지 않은 사람은 많은 차이가 난다. 특히 스피치를 배운 사람은 자존감이 월등히 높다.

두 번째는, **누구든 스피치와 설득의 달인이 되는 법**.

이를테면 떨림과 불안증을 극복하는 법, 막힘없이 이어가는 대화법, 몰입시키는 강의법, 단번에 청중을 압도하는 연설법, 청중을 감동시키는 정치연설법, 면접 시 자기소개법, 인사말과 기념사 등 놀랍게도 여기 실전 공식대로 따라 하기만 해도 아주 잘 먹힌다.

나는 30년 전통의 말과 스피치와 설득, 목소리 훈련을 주제로 많은 사람들에게 소통의 기법을 가르쳤다. 여전히 스피치 실력이 성공의 성패를 가늠하는 중요한 척도이기 때문이다. 확실히 소통 중심의 현대 사회는 모든 분야에서 공적으로나 사적으로 여러 사람 앞에서 말할 기회가 더 많다. 이제 긴장하지 않고 자신의 생각을 조리 있고 간단명료하게 전할 수 있는 실력을 요구받는 시대이다. 즉 말주변이 없는 사람이 성공하기에는 꽤 버거운 사회다.

말과 스피치는 우리 일상에서 떼려야 뗄 수 없는 대화기술이 되었다. 누구나 흔히 접하는 설득과 발표, 토론과 보고, 회의, 강의, 자기소개, 인사말과 건배사 등을 떠올려 보라. 그런데 절대다수의 사람들이 소통의 기술을 모른 채 식상한 판박이처럼 말한다. 말과 스피치는 주고받는 과정이지 일방적으로 말하거나 듣기만 하는 것이 아니다. 잘 먹히는 소통이 되려면 전하려는 메시지가 청중에게 잘 전달되어야 한다.

청중은 자신이 쉽게 이해할 수 있도록 전달되는 핵심 중심의 스피치를 좋아한다. 당연히 길고 복잡한 구조의 얘기보다는 짧고 간결하고 쉽게 전달해주기를 원한다. 이를 지키며 효과적인 메시지 전달을 하기 위해서는 다음의 스피치 공식을 활용하면 보다 먹히는 설득력이 발휘되며 대화가 잘 이어진다.

이 책은 세상에 단 하나밖에 없는 스피치 공식만으로도 충분히 자신감을 갖고 당당하게 스피치를 구사할 수 있도록 만들어졌다. 꾸준히 읽고 실천한다면 더 이상 말주변이 없어서 두려워하고 불안해하는 일은 없게 될 것이다. 대화가 끊이지 않고 유쾌하게 술술 잘 말하게 될 것이다. 책에 제시된 214가지 스피치 공식은 필자가 언 30년 경험으로 쌓은 진수들이다. 술술 막힘없이 청중에게 적합한 표현과 목소리에 변화를 주면서 그때그때 필요한 감정을 실어 멋지게 스피치를 구사하도록 도와줄 것이다. 단언하건대 형편없는 말하기 젬병이었던 사람들이 단번에 일취월장해나갈 것이다.

그간 정말 많은 사람들이 스피치 기술을 연마했다. 수많은 분야의 베테랑 영업인, 교수와 강사, 목사, 방송인, 정치인과 배우까지, 나의 독특한 스피치 코칭을 연마하여 보다 좋은 성과와 자리에 오르게 되었다. 분명 여기 제시한 공식을 따라 한다면 어떤 상황에서도 효과적으로 자신을 표현할 수 있게 될 것이다.

감정이 전혀 실려 있지 않은 스피치를 끝까지 앉아서 지켜보고 듣는 일은 고역이다. 논리만으로는 절대 청중을 주목시킬 수 없다. 고로 평생 기억될 스피치 실력을 갖춰 듣는 사람이 알기 쉽게 전할 수 있어야 한다.

30년 전통의 스피치와 목소리 훈련 연구가
_ 정병태 교수 Ph.D

◆ CONTENTS ◆

단번에 익히는
말 스피치 잘하는 공식 47가지

3장 | 효과적인 스피치 문장 구성법, 논리적인 원고 작성법 16가지 공식

4장 | 꼭 알아야 할 스피치 건배사 나만의 건배사 만들기

5부 파워스피치 대가 정병태 박사의
막힘없는 스피치 기술 100가지

6부 바로 써먹는
실전 활용 양식 12가지

1부

강력한 말로
청중을 사로잡는
말하기 공식 22가지

술술
말 잘하는 비법 22가지

대중에게 잘 먹히는 간단명료한 스피치 비법,

말하기 공식은 무엇일까?

먼저, 스피치는 간결하고 분명해야 한다.

빠르거나 더듬거리는 말은 피해야 한다.

대신 부드럽게 시작하여 상대방의 호감을 얻어야 한다.

다음 22가지 비법을 소개한다.

1. 청중을 강타하는 강력한 표현력(어휘력)

듣는 사람의 집중력을 흐리지 않고 헷갈리지 않게 하려면 표현을 분명하게 한다. 참신하고 다양한 어휘를 사용하면 훨씬 영민해 보인다. 이를테면 감정, 비유, 은유, 체언화 등의 기법을 활용하여 청중의 감성에 다가갈 수 있는 어휘를 사용한다. 예를 들면 다음과 같다.

- 좋아요, 맛있어요, 재밌다, 신기해, 매력적이네요. 똑똑하다, 친절해요, 순수해, 젊다, 흡족해요, 뭉클하다, 매료되다, 유쾌하다 등
- 매우, 퍽, 상당히, 몹시, 아주, 굉장히, 무척, 참, 최고, 천재, 압도적으로, 열렬히, 신속히, 급격히, 엄청나게, 무수히 등

2. 불멸의 123 공식

'불멸의 123 공식'의 의미는, 내 이야기는 적게 말하고 상대의 이야기를 더 많이 듣고 적극적으로 반응하는 것이다. 이를 통해 서로의 이해를 높이고, 긍정적인 상호작용을 할 수 있다.

① 하나를 말하고: 핵심을 간결하고 명확하게 전달한다.

② 둘을 듣고: 상대방의 말을 경청한다.

③ 셋을 반응한다: 상대방의 말을 이해했음을 표현한다.

3. 스피치 달인의 123 법칙

스피치를 자유자재로 구사하는 능력은 하루아침에 만들어지지 않는다. 금방 익힐 수도 없다. 찐 스피커가 되기 위해서는 오랜 훈련이 필요하다. 이것이 스피치 최고의 달인이 되는 공식이다.

· **스피치 달인 공식**

　① 연습 practice

　② 훈련 drill

　③ 반복 repeat

4. 스피치의 기본기: 과학적인 기술

스피치의 기본을 잘 익혀두면 점점 더 스피치가 연기하듯 나오는 것이다. 그래서 스피치는 학습이고 훈련이며 과학적인 기술이라고 말한다. 따라서 다음 스피치의 기본기를 확립하면, 점차적으로 스피치가 능숙하게 연출되고 구사하게 될 것이다.

· **스피치 기본기**
  ① 학습: 끊임없이 배움
  ② 훈련: 반복적인 연습
  ③ 과학인 기술: 일정한 법칙

5. 즉흥적 스피치

즉흥적 스피치를 체계적으로 구성하여 담대함과 자신감, 임기응변 능력, 평소의 지식을 결합하면 효과적으로 전달할 수 있다. 예고 없이 부탁받은 즉흥적 스피치는 다음의 3요소를 갖추면 쉽게 말할 수 있다.

· **즉흥적 스피치의 3단계 구성**

① **담대함과 자신감**

청중에게 신뢰감을 주고, 말을 더욱 명확하고 강력하게 전달할 수 있도록 한다.

② **임기응변 능력**

순발력과 유연성을 통해 예상치 못한 질문이나 상황에 신속하게 대응할 수 있다.

③ **평소에 알고 있던 지식**

광범위한 배경 지식과 경험은 즉흥적 스피치의 기본이 된다.

6. 3단계로 구성된 스피치

효과적인 스피치를 위해서는 구조화된 접근이 필요하다. 3단계로 구성된 스피치는 명확하고 설득력 있게 메시지를 전달할 수 있는 강력한 방법이다.

① **1단계: 구체적인 실례** 예시, 사례, 경험

사례 제시는 스피치의 기초를 다지는 역할을 한다. 구체적인 실례를 통해 청중의 관심을 끌고 주제와의 연결고리를 형성한다.

② **2단계: 자신의 관점을 말함**

사례를 통해 주제를 제시한 후에는 이에 대한 자신의 견해를 설명한다. 이는 스피치의 중심 부분으로 청중에게 전달하고자 하는 핵심 메시지를 포함한다.

③ **3단계: 방향을 제시**

마지막 단계에서는 제시한 사례와 관점을 바탕으로 미래에 대한 방향성을 제시한다. 이는 청중에게 실질적인 조언이나 행동 지침을 제공하며 스피치를 마무리하는 부분이다.

7. 스피치의 전개 순서: 과거-현재-미래 순으로

효과적인 스피치를 구성할 때 '과거-현재-미래' 순으로 내용을 전개하면 청중이 논리적으로 이해하기 쉽고 메시지를 명확하게 전달할 수 있다. 이 구조는 청중에게 주제에 대한 전체적인 맥락을 제공하고, 앞으로 나아갈 방향성을 제시하는 데 유리하다.

· **스피치의 전개 순서**

① 과거의 일

② 현재의 상태

③ 미래의 방향

예) 주제: 재생에너지의 중요성

① 과거 수십 년간 우리는 주로 화석 연료에 의존해왔습니다.

(과거의 일)

② 현재 우리는 재생에너지로의 전환을 통해 이러한 문제를 해

결하려 노력하고 있습니다. (현재의 상태)

③ 앞으로 우리는 재생에너지의 비중을 더욱 늘려야 합니다.

(미래의 방향)

8. 스피치의 서두 6가지 방법

스피치의 서두는 청중의 관심을 끌고, 주제에 대한 흥미를 유발하는 데 중요한 역할을 한다. 다음은 효과적인 스피치를 시작하는 6가지 방법이다.

① 청중의 장점을 찾아 칭찬하고 격려하라.

② 상황이나 장소에 대해 언급하라.

③ 출신지나 배경, 취미, 비전을 공유하라.

④ 유명 인용구나 유머로 시작하라.

⑤ 역사적인 사건과 연관시켜 말하라.

⑥ 사실과 정보, 수치, 실험의 결과를 제시한다.

9. 소개팅과 면접 시 호감을 얻어내는 소통법

소개팅 자리와 신입 사원 면접 시 가장 명확하게 호감의 시너지를 주고 내면에서 우러나는 격조이다. 호감 가는 사람 곁에는 늘 사람들이 모여드니 결국 일을 성공적으로 하게 된다.

· 호감을 얻어내는 소통법
- 음성, 자세, 눈빛, 시선, 표정, 매너, 패션 센스, 걸음걸이, 몸짓 등
- 바른 인사, 따뜻한 배려, 감성적인 센스, 매력적인 태도 등

10. S라인 스피치: 효과적인 말하기 기법

S라인 스피치란 말 그대로 부드럽게 이어지면서도 강약을 조절하여 청중의 주의를 끌고 유지하는 말하기 방식이다. 이 방법을 통해 말할 때 들어갈 곳은 들어가고 나올 곳은 나오게 말하여 자연스럽고 매력적인 스피치를 구사할 수 있다.

· **S라인 스피치 요소**
   - 속도, 높낮이, 크기에 변화를 주어 말하기
   - 쉼, 온쉼, 반쉼을 적절히 섞어가며 말하기

11. 상대에게 공감을 전달하는 방법

좋은 대화가 이루어지기 위해서는 리액션이 아주 중요하다. 상대방의 이야기에 공감하는 리액션을 보여준다. 이때 온몸의 움직임으로 공감을 표현한다. 비언어적 공감 표현은 몸짓, 표정, 제스처 등을 통해 상대방의 말에 공감하는 것을 의미한다. 눈의 흰자가 보일만큼 리액션을 한다. 그리고 언어적 공감 표현은 상대방의 감정과 상황을 이해하고 있다는 것을 보여주는 것이 핵심이다.

- **언어적 공감 표현 예시**
  - 아, 그렇군요. 어떡해요?
  - 아휴, 많이 힘들어셨지요?
  - 와~ 진짜 잘 됐다.
  - 오, 저도 그랬어요.
  - 맞아, 같은 생각입니다.
  - 그거, 최고의 아이디어다.

12. 아이스브레이킹: 어색한 만남과 딱딱한 분위기 완화하기

아이스브레이킹은 어색한 만남이나 딱딱한 분위기를 풀어주고 긴장을 완화시키는 데 매우 유용하다. 아이스브레이킹을 효과적으로 활용하면 대화의 문턱을 낮추고, 더 자연스럽고 활기찬 분위기를 조성할 수 있다.

다음은 아이스브레이킹을 위한 다양한 방법과 예시이다.

- 긴장 풀기 게임
- 유머러스한 이야기
- 저명한 글귀나 격언
- 영화, 책, 유튜브 등 좋은 내용
- 통계, 수치, 정보로 주목시키기
- 짤막한 에피소드, 위트

  예) 진행자: "개 중에 버려야 할 개가 있어요. 혹시 어떤 개인지 아세요?"

  참여자: "어떤 개인가요?"

  진행자: "편견과 선입견입니다."

13. 눈치 스피치: 상대방의 관심을 눈치로 읽어 말하는 능력

눈치 스피치는 상대방의 행동이나 표정을 읽어 대화의 방향을 조절하는 능력을 의미한다. 상대방의 눈빛, 표정, 몸짓 등을 잘 파악하여 상황에 맞게 대응하는 것이 중요하다.

다음은 눈치 스피치를 활용하는 예시와 설명이다.

· 대화 중에 상대방의 관심을 눈치로 파악하기

① 행동: 상대방이 자주 다른 곳을 쳐다보거나 하품을 한다.

② 파악: 상대방이 대화에 흥미를 잃은 것으로 판단한다.

③ 대응: 대화의 내용을 흥미로운 소재로 바꿔서 상대방의 관심을 끌어보려 한다.

14. 노화 스피치 극복하기

노화 스피치는 대화 중에 상대방이 반복적으로 했던 이야기를 할 때, 혹은 자기 이야기에만 집중하며 긴 이야기를 할 때를 말한다. 이러한 스피치 방법으로는 상대방의 관심을 끌기 어렵다. 이를 해결하기 위해서는 자기중심적 스피치가 아니라 상대방을 고려하는 공감적인 대화 기술, 공감적인 말솜씨가 필요하다.

- 자기중심적 발언이 아닌 상대를 고려한 공감적인 대화가 필요
- 대화 주제를 변경하고 상대방의 관심을 고려하는 대화를 이어 나감

15. 말맵시를 높이는 비밀 3가지

말맵시가 참 매력적이고 싶다면 어휘가 풍성할수록 표현이 맛깔나다. 그러려면 식상하지 않게 다양하고 신선한 어휘를 쓴다. 어휘도 키우면 키울수록 확장되고 숙성된다. 풍성한 어휘를 사용하면 말맵시가 살아난다.

① 어휘 노트를 만들어 적어두고
② 수시로 필사하고 소리 내어 읽고
③ 평소 실생활에서 사용한다.

16. SNS 사회에서 잘 먹히는 스피치 3가지 비법

SNS 사회에서 스피치를 할 때 서론이 너무 길면 안 된다. 임팩트 있고 짧고 간결한 스피치가 효과적으로 먹힌다. 결론을 먼저 내고 본론에 진입하는 것이 중요하며, 이후에 질문을 통해 관심을 끌어당기는 것이 효과적이다. 그러니까 서론을 줄이고 바로 본론에 진입하는 것이 필요하며, 흥미를 유발하기 위해 결론을 먼저 내고 관련 질문을 던지는 것이 효과적이다.

① 임팩트 있는 결론 내기
② 간결하고 직설적인 본론
③ 질문을 활용하여 관심 끌기

17. 스텐딩 스피치 2가지

강연이나 브리핑, 프레젠테이션 같은 스텐딩 스피치에서는 서두가 길거나 지루할 경우 집중도가 떨어질 수 있다. 주로 직장에서 보고하고 보고받는 환경에서는 서론을 생략하고 곧바로 결론을 먼저 전달하는 것이 효과적이다.

서두에 분위기를 녹여주는 아이스브레이킹을 한 다음에 곧바로 결론으로 들어가는 것이 좋다. 아래는 스텐딩 스피치에서 효과적인 방법이다.

① **아이스브레이킹**

대화를 시작하기 전에 분위기를 가볍게 만들어주는 아이스브레이킹을 통해 청중의 관심을 끌어낸다.

② **결론부터 말하기**

서론을 생략하고 곧바로 결론을 먼저 말하는 것이 중요하다. 이는 청중의 주의를 집중시키고 핵심 메시지를 먼저 전달하는 데 도움이 된다.

18. 샌드위치 스피치

샌드위치 스피치는 충고나 조언을 중간에 끼워서 전달하는 방식이다. 샌드위치 기법을 활용한 스피치는 효과를 낼 수 있다.

· **샌드위치 기법**

- 칭찬(격려) → 충고(조언) → 칭찬(격려)

(내용)

<u>예)</u>

과장님, 이번에 맡은 프로젝트가 힘들죠?

그럼에도 열심히 진척되게 해줘서 고마워요.

그런데, 수출일인 15일까지 서둘러주세요.

과장님의 실력이면 충분히 가능할 거예요.

위의 예시처럼 샌드위치 스피치를 구성하면 칭찬과 격려를 조언이라는 식으로 포장하여 전달할 수 있다. 이러한 방식은 상대방에게 긍정적인 메시지를 전달하면서도 조언이나 충고를 내포시킬 수 있어 효과적이다.

19. 설득 프레젠테이션

설득 프레젠테이션은 준비와 기술이 필요하다. 필히 내용과 시청각 자료, 발표, 질문 등에 대한 답을 준비해야 한다.

다음의 기법을 충분히 숙지하고 효과적으로 활용하는 것이 중요하다. 이를 통해 설득력 있는 프레젠테이션을 구사할 수 있다.

· **프레젠테이션에서 갖춰야 할 기법**

인사, 음성, 자세, 시선, 손동작, 발표, 질문, 복장 등

- 시선: 좌측 → 중간 → 우측
- 몸의 방향: 앞 → 뒤 → 앞
- 눈의 방향: 한 문장을 말하는 동안은 한 사람의 눈을 봄
- 구성: 차별화
- 발표화면: 보조 수단

20. '의' 발음 올바르게 사용하기

중요한 '의'의 발음을 올바르게 사용할 수 있어야 한다.
다음과 같은 규칙으로 '의'를 발음할 수 있다:

- '의'가 첫음절에 오면 입술을 옆으로 길게 버리며 '의'로 정확히
발음한다.
  <u>예)</u> 의사, 의미, 의리, 의자
- '의'가 첫음절 외에는 '이'로 발음한다.

예) 영의도 → 여이도, 국회의원 → 국회이원

- '의'가 조사로 쓰였을 때는 '에'로 발음한다.

예) 고향의 봄 → 고향에 봄

나의 소원 → 나에 소원

21. 틀리기 쉬운 발음

흔히 틀리기 쉬운 발음들이 있는데, 발음 규칙에 따르면 맞는 발음이지만, 많은 사람들이 편의상 또는 발음의 흐름을 따라 다른 형태로 발음할 때가 있다. 틀린 발음은 상대방에게 이해하기 어려운 발음으로 이어질 수 있다. 정확한 발음은 의사소통을 원활하게 하고, 언어의 표준화에 기여한다.

· **틀리기 쉬운 발음들**
- 일요일 → 이료일
- 절약 → 저략
- 꽃이 → 꼬치
- 빛이 → 비지

- 촬영 → 촤령

- 닭을 → 달글

- 끝이 → 끄치

- 깨끗이 → 깨끄시

- 좋네요 → 좋으네요

22. 공명 소리 내기

공명 소리는 사람들에게 강한 에너지와 자신감을 전달하는 효과가 있다. 이러한 소리는 주로 목소리가 가장 맑고 깨끗하며 울림이 있는 부분에서 만들어진다. 입과 코, 목 등에서 소리가 입 밖으로 나오면서 울림을 만들어내는 것이 특징이다.

공명 소리를 활용함으로써 말하는 사람은 더욱 효과적으로 메시지를 전달할 수 있으며, 듣는 이들은 그 소리로부터 긍정적인 인상을 받게 된다.

예) "아~~~" "음~~~": 입, 코, 목 등 동시에 소리를 낸다.

이 소리는 비강, 구강, 그리고 인두강에서 울림을 만들어낸다. 비강은 공기가 흐르는 곳이며, 구강은 소리가 형성되는 곳이고, 인두강은 음높이와 음색을 결정하는 곳이다. 이러한 각 부위에서의 조화로운 울림이 각 개인의 매력적인 음색을 형성한다.

2부

단번에 익히는
말 스피치
잘하는 공식 47가지

1 장

말하기 끝판왕의
실용적인 스피치 공식

1. 내 인생을 바꾼 최고의 말

한 심리학자가 "그 사람의 말을 들으면 자존감의 수준을 알 수 있다."라고 하였다. 말과 대화는 서로 공을 주고받는 캐치볼 게임과도 같다. 결국 상대의 감정을 움직이는 사람이 이긴다. 이유는 감정을 움직이는 데는 단 몇 마디면 충분하다. 따라서 스피치의 기본 원리를 저버리면 안 된다. 그래서 강렬한 인상을 남길 수 있는 특별한 말은 절대 상투적이고 형식적인 표현과 반한 말로는 더 이상 청중들의 마음을 사로잡을 수가 없다. 대신 흥미롭고 오묘하며 지루할 틈 없이 의미심장한 레토릭rhetoric, 말하는 기술으로 전해야 마음을 사로잡을 수 있다.

사실 나도 그토록 위력적이고 멋진 말 때문에 내 인생이 바뀌었다. 필히 성공하고 싶다면 말하는 기술을 익혀야 한다. 다음의 말들을 지침으로 삼아 성공하는 삶으로 성큼 다가서기를 바란다.

> "상대방이 이해할 수 있는 언어로 말한다면 그는 머리로 받아들이고,
> 상대방이 사용하는 언어로 말한다면 그는 마음으로 받아들인다."
>
> - 넬슨 만델라

"이 세상에서 최고로 멋지고 아름다운 일들은 눈으로 볼 수 없고 만질 수도 없다. 오직 가슴으로 느껴야만 한다."

– 헬렌 켈러

"인간이 사용하는 약 중에서 가장 강력한 약은 말이다."

– 영국의 소설가 키플링

2. 지휘관의 말

일 잘하는 사람보다 말 잘하는 사람이 이긴다

말하기에 자신감이 생기면 인생이 바뀐다

말하기 실력을 키우면 모든 면에서 삶의 질도 높일 수 있다

기원전 중국 춘추시대의 전략가 손무孫武, 손자(孫子) 기원전 545~470년경는 전쟁의 승리를 결정짓는 중요한 요소로 '말의 힘'을 강조했다. 손자孫子는 그 유명한 〈손자병법〉의 저자로, 제齊나라 출신이지만 오吳나라의 군대를 훈련시켜 강력한 군대로 만들었다. 그의 뛰어난 전략과 지혜는 단순히 무력에 의한 것이 아니라, 지휘관의 명확하고 설득력

있는 스피치에서 비롯된 것이었다.

손자는 전쟁에서 이기기 위해서는 지휘관의 명령이 분명하고 명확해야 한다고 말했다.

> "지휘관이 분명하고 또렷하게 명령을 내리지 않아서
>
> 병사들이 명령을 제대로 이해하지 못했다면
>
> 그것은 지휘관의 책임이다."

지휘관의 말 한마디가 병사들의 사기와 행동을 좌우하며, 결국 전쟁의 승패를 결정짓는 열쇠가 된다. 실제로 손무孫武는 오나라에서 군대를 훈련시키는 과정에서, 말을 통해 병사들을 동기부여하고 그들의 신뢰를 얻었다.

결국 "말 잘하는 사람이 이긴다."는 말은 단순한 격언이 아니라, 실천적인 지혜이다.

3. 설득 예술의 기술 3가지

　아리스토텔레스의 〈수사학〉은 고대 그리스의 수사학 서적이다. 그는 플라톤의 제자이며 알렉산더 대왕의 스승이기도하다. 고대 그리스 철학자 아리스토텔레스Aristoteles, BC 384~322는 '대중 스피치Public Speech'라는 용어를 처음 사용한 선구자다. 그는 인간을 그리스어로 '쪼온 폴리티콘zoon politikon'이라고 정의하였다. 즉 '인간은 홀로 존재하는 것이 아니라 끊임없이 타인과의 관계 속에서 존재한다'라는 의미이다. 그러니까 사회의 구성원이 되려면 타인과 대화를 해야 하고 설득해야 한다. 결국 아리스토텔레스는 레토릭변론법을 이렇게 단언했다.

　"레토릭rhetoric, 수사학은 어떤 경우이든 이용 가능한 모든 수단을 동원해서 설득할 방법을 찾는 기술이다. 즉 각각의 사례에 적용 가능한 설득 방법을 창출해 내는 능력이다."

　그는 성공적인 설득을 위해 에토스Ethos, 파토스Pathos, 로고스 Logos의 세 가지 요소를 잘 활용해야 한다고 강조했다.

· 설득 예술의 기술 3가지

	설득 요소	영향력	비중
1	로고스 logos	이성, 논리	10%
2	파토스 pathos	감성, 감정, 공감	30%
3	에토스 ethos	인품, 인성, 진정성	60%

- **로고스**: 논리와 증거의 힘을 통해 설득력을 발휘한다. 이는 제시하는 논리가 얼마나 효과적이고 짜임새 있게 구성되었는가에 따라 결정된다.
- **파토스**: 감정과 공감을 자아내는 힘을 발휘한다. 이를 위해서는 단어의 선택과 묘사 방법이 중요하다.
- **에토스**: 화자의 인품과 진정성에 대한 신뢰를 바탕으로 설득력을 발휘한다. 이는 화자의 명성이나 평판에 크게 영향을 받는다.

아리스토텔레스의 설득 기술 3가지는 스피치의 핵심을 짚어냈다. 사람을 설득하고 싶다면 미사여구에만 의존해서는 안 된다. 논리만 주장해서도 충분하지 않다. 에토스, 파토스, 로고스를 상황에 맞게 조화롭게 활용해 청중에게 진정성 있게 다가가는 능력이야말로 진정한 설득의 예술이다. 아리스토텔레스의 지혜는 오늘날에도 유효하며, 그가 제시한 설득의 원칙은 여전히 강력한 영향력을 발휘하고 있다.

4. 감정 스피치로 마음을 움직이는 전략

감정을 통한 소통은 단순한 정보 전달을 넘어, 서로의 생각과 감정을 나누고 깊은 의미를 공유하는 강력한 도구이다. 성공적인 스피치를 위해서는 감정 소통을 효과적으로 활용하는 것이 필수적이다. 중간 중간에 긍정적인 감정이 고조되도록 말한다.

다음은 감정을 통해 청중을 사로잡는 다섯 가지 전략과 감정 스피치의 순서를 소개한다.

· **효과적인 감정 소통 5가지 전략**

① **집중과 몰입**: 말하는 사람과 듣는 사람 모두 대화에 집중할 때 진정한 감정 소통이 이루어진다.

② **솔직한 감정 표현**: 자신의 감정과 느낌을 솔직하게 말하는 것이 중요하다.

③ **상황에 맞는 표현**: 대화의 상황에 맞게 감정을 표현하고 소통하는 것이 필요하다.

④ **언어·비언어적 표현의 조화**: 언어적 표현과 함께 비언어적 표현 표정, 제스처, 목소리 톤 등을 적절히 활용하여 감정을 전달한다.

⑤ **공감의 표현**: 상대방의 말을 듣고 적극적으로 공감한다.

· 감정 스피치 순서 3가지

　　① 시작: 즐거움

　　스피치의 시작은 청중에게 즐거움을 주는 것으로 시작한다.

　② 중간: 긍정적 감정

　　스피치의 중반부에서는 긍정적인 감정을 불어넣어 강렬한 감정

　　을 느끼도록 이끈다.

　③ 끝: 흥분과 고무감

　　스피치의 후반부에서는 화제를 전환하여 흥분과 공감을 불러일

　　으키는 감정을 유도한다.

　감정을 통한 소통은 스피치의 설득력을 극대화하는 핵심 요소이다. 처음부터 끝까지 청중의 감정을 사로잡고 그들과 깊이 공감하는 스피치를 통해 진정한 소통을 이룬다.

5. 말 잘 못하는 사람들의 특징과 극복 방법

많은 사람들이 대중 앞에서 스피치 하는 것을 두려워한다. 그러나 스피치 공식과 방법을 제대로 익히고 훈련한다면 누구나 유창한 말꾼이 될 수 있다. 마치 골프처럼, 기본적인 원리와 형식을 이해하고 이를 꾸준히 연습해야 서투른 말주변을 극복할 수 있다.

다음은 말 잘 못하는 사람들의 8가지 특징이다. 자신의 부족한 부분을 체크하고 이를 개선하는 훈련을 통해 스피치 능력을 향상시킬 수 있다.

◆ 말 못하는 사람의 8가지 특징

	항목	체크
1	말하는 사람만 혼자 떠들며 상대의 반응을 보지 못함	
2	눈 맞춤 기법 없이 청중의 시선을 피함	
3	상대방이 관심 없는 자신만 아는 말을 함	
4	감정이 전혀 담겨 있지 않은 로봇처럼 말함	
5	지나친 떨림과 긴장으로 불안한 스피치 상황에서 전함	
6	연습과 준비가 부족하여 지나치게 원고에 의존함	

| 7 | 위트와 흥미가 없는 지루한 스피치를 구사함 | |
| 8 | 경험만을 가지고 자기 이야기만 전함 | |

◆ **개선 방법 제시**

....

  말 잘 못하는 사람들의 특징들을 이해하고, 각 특징을 개선하는 방법을 익힌다면 스피치 능력을 크게 향상시킬 수 있다. 스피치 공식과 원리를 확실하게 이해하고 꾸준히 연습하여 대중 앞에서도 당당하게 말할 수 있는 능력을 길러보라.

체크 번호	개 선 방 법
1	대화는 상호작용으로서 청중의 반응을 주의 깊게 관찰하고, 그에 맞춰 스피치의 내용을 조정한다.
2	청중과 눈을 맞추는 것은 신뢰를 구축하는 데 중요하다. 자연스러운 눈 맞춤을 연습하여 청중과의 접촉을 강화한다.
3	청중의 관심사와 필요를 파악하고 그에 맞는 내용을 전달한다. 청중에게 의미 있는 정보를 제공하는 것이 중요하다.
4	스피치에 감정을 담아 전달한다. 진정성 있는 감정 표현은 청중의 공감을 이끌어내는 데 효과적이다.
5	긴장을 줄이기 위해 철저한 준비와 연습이 필요하다. 심호흡과 긴장을 풀어주는 다양한 기법을 활용한다.

6	스피치의 내용을 충분히 연습하여 자연스럽게 말할 수 있도록 하라. 원고에 지나치게 의존하지 않고 자연스럽게 이야기할 수 있도록 훈련한다.
7	유머와 흥미로운 이야기를 적절히 포함하여 스피치를 생동감 있게 구성한다. 청중의 관심을 끌 수 있는 요소를 추가한다.
8	자신의 경험을 바탕으로 하되, 이를 청중과 연결할 수 있는 방법을 찾아본다. 청중이 공감하고 흥미를 느낄 수 있는 이야기를 포함한다.

6. 단번에 호감을 얻는 대화법 전략

꾸준히 실전처럼 스피치 훈련을 하다보면 실력이 늘어난다. 큰 소리로 적절히 리듬감을 주어 읽고 외우면서 자연스럽게 온몸으로 익힌 표현을 전한다. 특히 자신이 전하고자 하는 메시지를 상대방의 눈높이에 맞추어 전한다. 좋은 느낌을 갖도록 자기감정을 표현하는 힘을 키운다.

예를 들어, 처음 뵙는 분과 이런 식으로 인사를 한다.

실례합니다만, 대전에서 오신 홍길동 부장님이신가요?

아, 처음 뵙겠습니다. 저는 삼성프라자 영업부 정병태 부장이라고 합니다.

바쁘신데 멀리까지 이렇게 와주셔서 정말 감사합니다.

오늘 만남이 아주 기대가 큽니다.

잘 부탁드리겠습니다.

보다 긍정적인 표현이 훨씬 좋은 느낌이 든다.

	→	감사합니다, 도움이 되었습니다.
'죄송합니다'	→	부탁합니다, 부탁드려도 될까요?
	→	폐를 끼쳤습니다, 송구스럽습니다.

상대가 편하고 기분 좋게 부정적인 표현보다 대신 긍정적인 표현으로 말한다.

- 그냥 커피주세요. → 따뜻한 커피 부탁합니다.

- 이것밖에 없습니다 → 이것을 준비해드리겠습니다.

- 아무거나 좋아요 → 녹차로 하겠습니다.

- 저, 잠깐 시간 괜찮으세요? → 3분만 시간 내주실 수 있으세요?

- 오늘 술 한 잔 어때? → 말씀은 감사합니다. 그런데 오늘 밤은 안 되겠는데요. 내일 점심은 어떠세요?

- 김 대리, 오늘 퇴근 후 고기 먹으러 가자 → 꼭 모시고 가고 싶은 유명한 고기집이 있는데, 같이 갈 수 있나?

권유를 거부하고 싶다면 이렇게 대답한다.

같이 가자고 말씀해주셔서 감사합니다.
그런데 오늘 저녁에 아들 생일 식사 모임이 있어서요.
다음번에는 꼭 참석하겠습니다.

7. 보다 실질적인 스피치 훈련법 24가지

청중에게 스피치를 제대로 전달하기 위해서는 스피치의 기초 원리를 활용해서 말을 한다. 실생활에서 기회가 주어지면 말을 조리 있게 한다. 자기소개든 인사말이든 준비해둔 내용을 발표한다. 그러한 과정 속에서 나만의 스피치 역량이 늘어난다. 스피치 기본적인 원리 이해와 연습을 통해 스피치 기법들을 키울 수 있다.

다음의 스피치 기본 원리와 훈련법을 습득하여 활용한다면, 분명 임팩트 있는 스피치를 구사하게 될 것이다.

· 효과적인 스피치를 위한 실질적인 훈련법 24가지

① 명문장, 연설문, 원고문을 낭독하면서 자연스럽게 터득한다.

② 모임에서 준비된 자기소개를 해본다.

③ 회식이나 파티에서 멋진 건배사를 진행해 본다.

④ 심층 구술면접을 연습해 본다.

⑤ 5분 강의를 진행한다.

⑥ 스피치 할 때 유머나 위트를 사용한다.

⑦ 스토리와 사례 표현을 한다.

⑧ 스피치시 눈 맞춤에 능해야 한다.

⑨ 목소리에 변화를 주어 사람들의 이목을 끈다.

⑩ 내용을 설명하려고 할 때, 그 정보를 시각적으로 묘사한다.

⑪ 후각을 자극하는 표현을 한다.

⑫ 소품을 적절하게 활용한다.

⑬ 제스처를 치밀하게 사용한다.

⑭ 말을 할 때 상대방을 쳐다보며 말한다.

⑮ 무대를 전체적으로 넓게 활용한다.

⑯ 흥미롭고 재미있는 이야기와 짧은 예화로 상대의 주의를 끈다.

⑰ 겸손한 태도를 잃지 않는다.

⑱ 적절히 명언이나 인용문을 활용한다.

⑲ 완벽한 어휘를 사용한다.

⑳ 정확한 타이밍에 적절한 표현을 쓴다.

㉑ 적절히 느낌과 감정을 표현한다.

㉒ 진심어린 감사를 표현한다.

㉓ 숫자, 통계, 결과값 등을 사용한다.

㉔ 침묵(,)과 질문을 넣어 구사한다.

청중을 매료시키고 메시지를 효과적으로 전달하는 스피치는 다양한 분야에서 성공의 핵심 요소이다. 위에서 제시된 24가지 실질적인 훈련법은 자신감 있는 스피치 역량을 키우고, 임팩트 있는 발표를 구사하는 데 도움을 줄 것이다. 지속적으로 연습하고 노력한다면, 누구나 자신감 있고 매력적인 스피치를 구사할 수 있을 것이다.

8. 강력한 스피치 체계 5단계 만들기

말을 능숙능란하게 잘하고 말솜씨를 키워 강력한 스피치를 구사하려면, 우선 스피치 체계를 갖추고 감정을 실어 전한다. 이때 적절한 에피소드나 인용구를 사용하면 더욱 좋은 효과를 발휘한다. 마치 롤러코스터를 타듯 리듬감을 주어 말한다.

주의할 것은 전하는 말에 실용적인 기법과 감정 이입이 실리지 않는다면 무슨 내용을 전하든 별반 차이 없다. 따라서 내 말이 조리있고 설득력 있게 전달되기 위해서는 다음의 스피치 체계를 5단계로 나눔으로써 더욱 간결하고 강력한 스피치가 될 수 있다.

· **강력한 스피치 체계 5단계**

① **발견**(찾음): 스피치의 주제나 논제를 발견하고 정한다.

② **배치**(구상): 스피치의 목적과 맥락에 맞게 내용을 구조화하고 배치한다.

③ **표현**(어휘): 적절한 단어와 문장을 선택하여 내용을 효과적으로 표현한다.

④ **암기**(숙지): 완성된 원고를 숙지하여 자연스럽게 전달할 수 있도록 준비한다.

⑤ **발표**(전달): 마지막으로 숙지한 내용을 청중 앞에서 효과적으로

발표하고 전달한다.

이 체계를 따르면 스피치의 주제 선정에서부터 내용 구성, 표현 방식 선택, 숙지 및 전달에 이르기까지 단계적으로 준비할 수 있어 강력하고 설득력 있는 스피치를 구사할 수 있다. 또한 에피소드나 인용구, 리듬감 있는 발화 등을 적절히 활용하면 더욱 효과적인 전달이 가능해진다.

전달자는 먼저 논제를 찾아 발견하고 스피치의 목적에 따라 내용을 적절하게 배치 구상한다. 이에 적합한 단어나 문장을 선택해 최상의 표현으로 만들고 완성된 원고를 숙지한다. 마지막으로 논지를 자유자재로 전달한다.

9. 강력하고 장엄한 3의 법칙

원래 숫자 '3'은 마법의 숫자로 불린다. 그래서 '3'은 안전과 완성, 완결의 숫자를 의미한다. 또 사람들은 3가지 핵심을 기억하기를 좋아한다. 그러므로 '3'의 법칙을 활용하면 가장 강력한 스피치를 구사할 수 있다.

다음 말 속에서도 '3'의 법칙을 찾을 수 있다.

① 진실하고 간결하라. 그리고 자리에 앉아라. - 프랭클린 D. 루스벨트

② 셋으로 이루어진 것은 모두 완벽하다. - 라틴 명언

③ 3은 완전성 또는 완결성을 나타낸다. - 로이 피터 클라크

이 '3'의 법칙을 활용하면 자신의 개념을 보다 완벽하게 표현하고 핵심 메시지를 강조할 수 있으며, 청중의 기억에 오래 남게 만들 수 있다. 무엇보다 조리 있고 설득력 있게 전달하기가 수월하다.

· **기본적인 3의 법칙**

① 명료함 ② 단순함 ③ 열정(열심)

· 3초, 30초, 3분의 힘

- **3초**: 상대방을 판단하는 데 걸리는 시간은 순간적으로 찰나에 결정된다. 첫인상을 통한 결정과 선택 역시 아주 짧은 시간에 이루어진다.
- **30초**: 30초가 한 사람의 능력을 평가하고 결정하는 기준의 시간이다.
- **3분**: 3분이면 세상을 바꾸는데 충분한 시간이다.

· 스피치 '3'의 법칙 사례 보기

실전에서 '3'의 법칙은 스피치 구성에 적용하면 보다 매력적인 스피치가 될 수 있다. 그래서 모든 스피치에는 서론, 본론, 결론의 3가지 구조를 갖추어 전달한다. 물론 문장에서도 적용하면 더 좋다. 예를 들어보면,

> ① (1) 어린아이였던 저에게,
>   (2) 청소년이었던 저에게,
>   (3) 그리고 성인이 된 지금의 저에게.
> ② (1)오늘, (2)이번 선거, (3)이 중요한 시점에~
> ③ (1)첫째, (2)둘째, (3)마지막으로 셋째,

스피치에서 '3'의 법칙을 적절한 단어나 표현으로 반복함으로써 자

신의 메시지를 한층 더 강렬하게 전달할 수 있다. 유명인들의 사용 사례를 보면 다음과 같다.

① "왔노라, 보았노라, 정복했노라." – 줄리어스 시저

② "국민의, 국민에 의한, 국민을 위한 정부." – 링컨

③ "우리의 우선순위는 교육, 교육, 교육입니다." – 토니 블레어

· 쉽게 말하는 3가지 기술

전할 내용을 3가지 포인트로 정리한다. (3가지 개요 제시)

예) 하나, 둘, 셋

　　첫 번째, 두 번째, 세 번째

　　첫째, 둘째, 셋째

한 가지 이론에 3가지 구체적인 사례를 드는 일리삼례—里三禮의 스피치로 말한다.

① 사례　② 이야기　③ 에피소드

10. 엘버트 메라비언 커뮤니케이션의 3요소

커뮤니케이션communication, 의사소통의 중요성에 대해 현대 경영학의 창시자 피터 드러커Peter F. Drucker, 1909-2005는 이렇게 말했다.

"인간에게 있어서 가장 중요한 능력은 자기표현이며,

현대의 경영이나 관리는 커뮤니케이션에 의해서 좌우된다."

커뮤니케이션과 대화의 호감을 연구한 미국캘리포니아 대학 UCLA의 심리학자 엘버트 메라비언Albert Mehrabian 박사는 1971년 출간한 저서 「침묵의 메시지Silent Messages」에 포함된 커뮤니케이션 이론으로 한 사람이 상대방으로부터 받는 이미지는 **시각**몸짓, 태도 **55%, 청각**음색, 목소리, 억양 **38%, 언어**내용 **7%**라는 이론이다. 이를 메라비언 법칙 The Law of Mehrabian이라고 말한다.

결국 첫인상 커뮤니케이션은 말의 내용이 아니라, 비언어적 요소들에 의해 설득의 내용이 93%목소리, 태도나 전달된다는 것이다.

- **메라비언 커뮤니케이션의 3요소**

  ① 말 words: 결국 무엇을 말하는가? - 7%

  ② 목소리 tone of voice: 소리의 대소, 고저, 음색 등 - 38%

  ③ 태도 body language: 자세, 제스처, 표정, 외모, 시선 등 - 55%

첫인상에 영향을 주는 요인

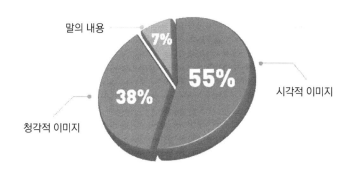

출처 - UCLA 교수 Albert Mehrabian의 연구소

  결국 커뮤니케이션 법칙에 따르면 첫인상을 결정하는 요인 중 가장 큰 비중을 차지하는 것이 시각적인 효과라는 것이다. 그다음 청각적 이미지, 그다음은 말의 내용이다. 이는 상대방의 호감을 얻는 이론 중에 가장 널리 알려져 있는 커뮤니케이션의 요소이다.

2 장

대화가 막힘없이 이어지는
말이 술술 풀리는 18가지 공식

11. 스피치의 3P 법칙

모든 스피치에서 가장 중요한 3가지 요소가 있는데, 첫째는 내용 구성서론, 본론, 결론이고, 두 번째는 내용을 전달하는 기술이다. 그리고 세 번째는 전달자의 인성人性, 인품과 태도적 자세이다. 이것을 일명 스피치의 3P라고 말한다. 이 스피치의 3P를 잘 갖추어 잘 먹히는 커뮤니케이션을 구사한다.

· 강력한 스피치를 구사하기 위한 핵심 요소 3가지 (3p 법칙)

① Presentation 프레젠테이션

내용 구성 즉, 서론, 본론, 결론의 논리적인 구조이다. 스피치의 전반적인 내용 흐름과 논리성을 갖추는 것이 중요하다.

② Performance 퍼포먼스

내용을 전달하는 기술로서 발성, 제스처, 아이컨택 등 비언어적 요소를 포함한다. 메시지를 효과적으로 전달하기 위한 화술과 프레젠테이션 스킬이 필수적이다.

③ Personality 인품

전달자의 인성, 태도, 카리스마 등을 뜻한다. 청중에게 신뢰감과 존경심을 주며 메시지에 설득력을 더하는 요소이다.

따라서 스피치의 3P 즉, 내용 구성, 전달 기술, 인품을 모두 갖추어야만 강력하고 영향력 있는 스피치를 구사할 수 있다. 이 세 가지 요소를 균형있게 잘 다루면 커뮤니케이션 능력이 향상되어 청중을 제대로 이해시키고 감동시킬 수 있다.

· 스피치 3P를 위한 훈련법 3가지

① 스피치 시 사전에 거울을 스승 삼아 실전 같은 훈련을 한다. 스피치 내용이 잘 구성되었는지를 확인한다.

② 스피치 시 휴대폰 촬영을 통해 자신의 자세와 인상 등 시각적 커뮤니케이션을 체크하고 분석하여 수정한다.

③ 특히 녹음된 목소리를 체크하여 생동감, 리듬감, 자연스러움 등 신뢰를 주는 목소리로 만든다.

12. 스피치 EP 법칙

EP 법칙에서 'EP'는 Example Point의 약자이다. 이야기 구성을 위해 미리 적절한 예문을 짜두고 그 흐름대로 이어가는 기법이다. 보다 쉽게 스피치를 구사하며, 청중의 이목을 집중시킬 수 있는 전략으로, 짧은 스피치, 즉흥 스피치, 1분이나 3분 스피치, 회의나 생각 나누기 등에 활용하면 좋다. 다음의 순서대로 이야기를 진행한다.

· **스피치 EP 법칙 구성**

① Example: 구체적인 사례, 경험, 예화, 이야기

② Point: 핵심, 주장

◆ **EP 활용 사례 보기**

Example	옛말에 '실패는 성공의 어머니'라는 말이 있다. 에디슨은 만 번의 실패를 극복하고 전구를 발견하게 된다.
Point	시련과 실패는 성공으로 가는 길에 반드시 만나야 하는 과정이다. 이는 인내와 끈기를 길러주는 심력을 키운다. 결국 인내와 끈기는 성공의 필수 자원이다.

Example	
Point	

13. 3S 구조를 갖춘 목소리

스피치에서 목소리는 그 사람의 내면을 알 수 있는 특성이다. 그래서 목소리 톤이 부드럽고 차분하면 신뢰감을 준다. 그러나 목소리 톤이 힘없이 작으면 자신감이 없어 보인다. 그리고 너무 크면 시끄럽고 투박하게 보일 수 있다. 따라서 사람들은 편안하면서도 안정적이고 발음이 정확히 들리는 목소리를 신뢰한다. 전체적으로 리듬감을 가진 목소리를 좋아한다. 이를 3S 구조로 갖춰 스피치를 구사한다.

· 3S 구조 갖추기

① S = slow 천천히, 차분하게

이는 천천히 차분히 내는 목소리이다. 문장 마디에서 숨을 멈추고 호흡으로 다시 들이마시는 것이다.

② S = strong 강하게 말하기, 힘주기

사람들은 목소리에 힘을 넣지 않고 대충 말하는 경향이 있다. 기어들어 가는 목소리를 낸다. 작거나 얇은 목소리에는 필히 강하게 내는 힘주기 능력을 주어야 한다.

③ S = sensitive 감정, 감각

가장 중요한 것은 감정이 담긴 목소리이다. 사람들은 감정이 들어간 목소리를 더 선호한다. 특히 호감을 주는 목소리를 갖기 위해서는 자신의 감정을 실어야 한다.

이렇게 3S 구조를 적용하여 발성과 발음에 신경 쓰면, 청중에게 신뢰감을 주고 내용을 효과적으로 전달할 수 있는 탁월한 스피치가 될 것이다.

14. KISS 법칙

스피치에서 KISS 법칙을 적용하면 좋은 결과를 얻을 수 있다. 왜냐하면 사람들은 긴 스피치보다 짧고 간결한 스피치를 더 선호하기 때문이다. KISS는 'Keep It Simple and Short짧고 간결하게'의 머리글자를 의미한다. 이 KISS 법칙은 회의나 강연에서 더욱 필수적다. 따라서 익히면 실전에서 유용하게 활용할 수 있다.

· KISS 스피치 법칙

   - KISS: Keep It Simple and Short = 짧고 간결하게

① 문장을 짧게 구분 짓고 말한다

예) 제가 삼성전자의 거래처에 가서 → 어제 삼성전자에 갔었습니다.

② 말을 잘라 말한다

예) 예, 저, 그러니까 → 이렇게 생각합니다. 괜찮습니다. 매출이 올랐습니다. 맞습니다. 노란색입니다.

현장에서 말을 짧고 간결하게 하면 좋은 인상을 주며 청중의 주의력을 집중시킬 수 있다. 결국 KISS 법칙은 청중이 스피치 내용을 쉽게

이해하고 기억하도록 돕는 간결하고 단순한 표현방식이다. 스피치에서 이 KISS 법칙을 잘 적용하면 메시지 전달력을 높일 수 있다.

15. 리듬 스피치 만드는 SAS 법칙

SAS 법칙은 리듬감을 넣어서 호감을 주는 목소리로 말한다. SAS 법칙을 적용하면 자연스러워지며 리듬이 생긴다. 만약 자신의 말에 무미건조하고 일자 톤으로 이야기한다면 반드시 리듬이 들어가야 한다. 리듬 스피치의 기본은 동그란 목소리로서 거기에 강약고저의 톤을 주어 구사한다. 평소에 리듬을 주어 말한다.

· **리듬을 만드는 SAS 법칙**

① S = segmentation 쪼개기

일단 단어를 쪼갠다. 단어와 단어 사이에 적절히 휴식을 취하며 필요한 부분에 쪼개어 말을 한다.

② A = accent 강조하기

중요한 단어나 강조하고 싶은 말에 엑센트를 준다. 엑센트는 첫 음절에 준다.

③ **S = sing a song** 노래 부르듯 리듬 타기

노래 부르듯이 부드럽게 리듬감을 넣어 말을 한다. 이와 같은 리듬감을 넣어 말하는 것을 사람들은 더 선호한다.

이렇게 리듬을 만드는 SAS 법칙을 활용하면 무미건조한 발음이 아닌 생동감 있고 청중의 주의를 끄는 리듬감 있는 스피치를 할 수 있다.

16. 잘 먹히는 PRT 법칙

성공적인 스피치를 만들기 위해 PRT 법칙을 활용하면 잘 믹힌다. PRT 법칙의 첫 번째는 준비Preparation이고, 두 번째는 규칙Rule, 세 번째는 감사 표현Thanks이다. 이 PRT 법칙 역시 모든 스피치에 적용되며 적절히 활용하면 성공적인 스피치를 구사할 수 있다.

· PRT 법칙

① **P = preparation** 준비

스피치 주제와 내용에 대한 철저한 사전 준비가 필수적이다. 자료 조사, 논리 정립, 연습 등을 통해 완벽하게 준비해야 한다.

② R= rule 규칙

스피치 상황에 맞는 적절한 규칙과 매너를 지켜야 한다. 정중한
자세, 발음과 어조, 시간 엄수 등 기본적인 예의를 갖추는 것이
중요하다.

③ Thanks 감사 표현

스피치 도입부에서 청중에게 인사하고, 마무리 시 감사 인사를
전하는 것이 바람직하다. 이를 통해 청중과 좋은 유대감을 형성
할 수 있다.

이렇게 PRT 법칙을 실천하면 청중의 신뢰와 공감을 이끌어 내는 성
공적인 스피치가 가능해진다.

17. 사로잡는 BEEF 법칙

역시 잘 먹히는 스피치를 위해서는 철저한 준비과정이 필요하다. 스
피치도 기술이기에 BEEF 법칙을 익히기 위해서는 연습과 훈련이 필
요하다. 사람들을 사로잡는 BEEF 법칙을 숙지하여 요령이 생기면 좋
은 스피치를 구사하게 된다. 특히 어느 곳에서나 순발력 있게 사람들

을 감동시켜 설득할 수 있다. BEEF 법칙은 배짱Boldness, 임기응변 Expedient, 경험Experience, 감성Feeling의 영어 머리글자를 모은 것이다. 이 BEEF 법칙은 사람들을 사로잡는 기법이다.

· **사로잡는 스피치 BEEF 법칙**

① B = boldness 배짱

청중 앞에서 당당하고 자신감 있는 모습을 보여야 한다. 적극적이고 과감한 자세로 임하여 청중을 사로잡을 수 있다.

② E = expedient 임기응변

예기치 못한 상황에서도 기민하게 대처하는 순발력이 필요하다. 상황에 맞게 유연하게 대응하여 스피치를 이어나갈 수 있어야 한다.

③ E = experience 경험

스피치 경험을 쌓고 지속적으로 연습해야 한다. 다양한 경험을 통해 스피치 기술과 노하우를 습득할 수 있다.

④ F = Feeling 감성

청중의 감성을 자극할 수 있는 메시지와 전달력은 필수적이다. 열정과 감정이 묻어나는 스피치로 청중과 공감대를 형성한다.

이렇게 BEEF 법칙을 실천하면 청중을 사로잡는 설득력의 스피치를 할 수 있다. 매력적인 스피치로 영향력을 발휘해 기회를 잡을 수 있다.

18. 커뮤니케이션 CKS 법칙

먼저 커뮤니케이션의 충실한 기본을 갖추고 나서 스피치를 구사해야 한다. 그러므로 스피치를 잘하려면 평소에 CKS를 잘해야 한다. 이것이 모든 커뮤니케이션의 가장 중요한 기본기이다. 따라서 스피치는 자신감이다. 그 자신감으로 메시지의 깊은 내용지식과 전달하는 기술이 중요하다.

· 커뮤니케이션 CKS 법칙
① C = confidence 자신감
② K = knowledge 지식
③ S = skill 기술

성공적인 커뮤니케이션을 위해서는 사전에 충분한 3P 분석이 대단히 중요하다. 3P 분석이란 Purpose목적, People청중, Place장소 세 가지 요소를 의미하며, 이 요소들을 체계적으로 분석하고 이해하는 것이 효과적인 커뮤니케이션의 핵심이다.

· 3P 분석

① P = purpose: 커뮤니케이션의 목적은 무엇인가?

② P = people: 청중은 누구인가?

③ P = place: 어디서 어떻게 무엇으로 할 것인가?

이러한 3P 분석을 통해 커뮤니케이션의 목적을 명확히 하고, 청중의 특성을 이해하며, 적절한 과정을 설계함으로써 성공적인 커뮤니케이션을 발휘할 수 있다.

19. 커뮤니케이션 SOFTEN 기법

비언어적 커뮤니케이션에서 중요한 SOFTEN 기법이 있다. 이 기법의 이름은 '부드럽게 말한다.'는 의미를 내포하고 있으며, 각 글자는 각각의 의미를 지닌다.

비언어적 커뮤니케이션에서 SOFTEN 기법은 효과적인 상호작용을 위해 사용되는 중요한 전략이다.

· SOFTEN 기법

① **S = smile** 미소와 웃음

커뮤니케이션에서 찌푸린 얼굴이나 평범한 얼굴로는 결코 고객 및 동료의 마음을 사로잡지 못한다. 가장 중요한 첫마디는 언어적 표현이 아니라 환한 미소와 끌리는 목소리이다.

- 미소는 따뜻함과 친근감을 전달하며, 상대방에게 긍정적인 인상을 준다.
- 미소를 통해 개방적이고 호의적인 태도를 표현할 수 있다.

② **O = open gesture** 열린 몸짓, 자세

허리에 손을 얹거나 팔짱을 끼는 몸짓은 피해야 한다. 이 같은 제스처는 무의식적으로 고객을 적대시한다거나 혹은 경계한다는 의미를 전달하기 때문에 반드시 금해야 한다.

- 팔짱을 끼지 않고 몸을 열어두는 자세는 상대방에게 수용적이고 개방적인 태도를 나타낸다.
- 이는 신뢰와 협력의 분위기를 조성하는 데 도움이 된다.

③ **F = forward leaning** 앞으로 기울이기

이는 상대의 말에 관심이 있다는 의미로 몸을 약간 앞으로 기울인 상태에서 듣는다. 몸을 뒤로 젖힌다거나 직각으로 바로 세우는 것보다는 앞으로 살짝 기울이는 것은 "당신의 말씀을 잘 경청하고 있습니다."라는 메시지를 전달하는 것과 같다.

- 대화 상대에게 관심을 보이기 위해 약간 앞으로 기울이는

자세를 취한다.

- 이는 적극적인 경청과 참여를 나타내며, 상대방의 말에 집
중하고 있음을 보여준다.

④ T = touch 접촉

가벼운 접촉과 살가운 얘기는 커뮤니케이션 효과를 극대화하는
좋은 전략이다. 적당한 스킨십은 커뮤니케이션 결과를 향상시킨
다.

- 적절한 신체 접촉은 친밀감과 유대감을 강화할 수 있다.

- 예를 들어, 악수나 가벼운 손길은 친근함과 지지를 표현하
는 데 효과적이다.

⑤ E = eye contact 눈길 나누기

커뮤니케이션할 때는 고객의 눈이나 눈 주변을 보면서 말해야
한다. 상대가 말하고 있는데, 상대의 얼굴 쪽을 보지 않고 주위
를 둘러보는 자세는 금물이다.

- 눈을 맞추는 것은 상대방에 대한 관심과 존중을 표현하는
중요한 방법이다.

- 적절한 눈 맞춤은 신뢰를 쌓고, 대화의 집중도를 높인다.

⑥ N = nodding 끄덕이기

고개를 끄덕이는 것과 몸으로 반응하는 것은 "당신이 말씀하시
는 것을 저도 잘 듣고 있습니다"라는 의미를 아주 효과적으로
전할 수 있다.

- 끄덕임은 상대방의 말을 이해하고 동의함을 나타낸다.
- 이는 대화의 흐름을 원활하게 하고, 상대방에게 말을 계속
  하도록 격려하는 역할을 한다.

SOFTEN 기법은 이러한 비언어적 요소들을 활용하여 대화의 효과
를 극대화하고, 상호 신뢰와 이해를 증진시킬 수 있다. 비언어적 커뮤
니케이션의 힘을 잘 활용하면 보다 원활하고 긍정적인 상호작용을 이
끌어낼 수 있다.

20. 커뮤니케이션 ESI 법칙

성공적인 커뮤니케이션을 하기 위해서는 ESI 법칙으로 준비하고 진
행하면 효과적이다. 이 ESI 법칙은 모든 스피치에 가장 기본이 되는
구조로 스피치에 적용하라. 분명 좋은 성과를 낼 수 있을 것이다.

ESI 법칙은 Engage참여, Simplify간결화, Illustrate구체화를 의미하
며, 이를 통해 청중의 관심을 끌고, 메시지를 명확하게 전달하며, 이해
를 돕는 데 초점을 맞춘다.

· **커뮤니케이션 ESI 법칙**

① E = Engage 참여

② S = Simplify 간결화

③ I = Illustrate 구체화

다음은 ESI 법칙을 적용한 사례이다.

◆ **사례 보기**

· 사례: 신제품 발표회
· 상황: 한 테크 기업의 제품 매니저가 새로운 스마트폰 출시를 앞두고 기자들을 대상으로 발표회를 준비하고 있다. 성공적인 발표를 위해 ESI 법칙을 적용하였다.

① **Engage** 참여
시작: 발표를 시작하면서 "여러분, 오늘은 우리 모두가 기다려온 혁신적인 신제품을 공개하는 날입니다!"라고 말하며 청중의 관심을 끌었다.

② **Simplify** 간결화
주요 메시지: 신제품의 주요 기능과 혜택을 간결하게 전달했다. "이 스마트폰은 배터리 수명이 30% 더 길고, 카메라 성능이 50% 향상

되었습니다. 또한, 사용자 인터페이스가 더욱 직관적이고 사용하기 쉬워졌습니다."

③ **Illustrate** 구체화

비주얼 자료: 고해상도 이미지와 동영상을 사용하여 신제품의 주요 기능을 시각적으로 보여주었다.

데모: 실제 제품을 직접 시연하면서 "보십시오, 이렇게 쉽게 고화질 사진을 찍을 수 있습니다. 배터리는 하루 종일 사용할 수 있습니다."라고 설명했다.

이처럼 ESI 법칙을 활용하면 청중의 참여를 유도하고, 메시지를 간결하게 전달하며, 구체적인 사례를 통해 이해를 돕는 등 효과적인 커뮤니케이션을 할 수 있다.

21. 스피치 PER 법칙

어떤 형태의 스피치든 적절한 자기 노출이야말로 사람들에게 자신을 특별히 각인시킬 수 있는 좋은 기회다. 그렇다면 미팅이나 모임, 강의나 발표 등에서 자기소개는 어떻게 해야 할까? 다음 스피치 PER 법칙을 활용하면 청중을 주목시킬 수 있다.

· **스피치 PER 법칙과 사례**

① P = positioning 포지셔닝

이는 현재 내가 일하는 회사와 업무에 대해 간략하게 소개하는 것이다. 진지한 마음가짐, 직업의식, 목표, 사명 등을 인상 깊게 말하는 것이 좋다. 자신의 일에 전문성을 갖고 열정을 다하는 모습을 보여주면, 훨씬 더 호감 가는 사람으로 기억될 것이다. 이때, 달성했던 성과나 앞으로의 비전을 제시한다.

② E = episode 에피소드

스피치 시 다양한 에피소드를 활용하면 좋다. 사람들은 사례나 에피소드를 넣어 이야기를 전하면 더욱 집중한다. 이 에피소드를 통해 사람들을 스토리텔링 속으로 이끌어갈 수 있다.

③ R = resolution 리솔루션

이는 '다시 한 번 결의를 다지는 것'으로 공식 석상에서 스피치를 할 때, 끝내기 위해 마무리 멘트를 하는 것이다. 길게 늘어지게 하지 말고 깔끔하고 명쾌하게 마무리를 한다.

다음은 PER 법칙을 적용한 사례이다.

① Positioning 포지셔닝

안녕하세요.

저는 삼성전자 영업부에 다니고 있는 정병태 과장입니다.

제가 맡고 있는 분야는 휴대폰 홍보 담당입니다.

② Episode 에피소드

안녕하세요. 여러분 반갑습니다. 경영학과에서 강의를 하고 있는

정병태 교수입니다. 존경하는 홍길동 회장님의 소개로 이 모임에

참석하게 되었습니다.

일찍이 정말 좋은 분들이 함께한다는 말씀을 들었는데,

이렇게 와보니 그런 기운이 확 느껴져 정말 기분이 좋습니다.

평소 홍길동 회장님을 뵈면서~~.

③ Resolution 리솔루션

"우리 한번 잘 해봅시다."

"우리 한번 서로 어울려 좋은 인연을 만들어 갑시다."

"영국의 처칠의 말처럼 '이번 시합에서 승리합시다.'"

22. 멘트의 IMC 법칙

스피치를 할 때 최소 3가지의 멘트가 필요하다. 첫째는 인트로 멘트이고, 둘째는 메인 멘트이며, 셋째는 클로징 멘트이다.

· 멘트의 IMC 법칙

① I = intro ment 인트로 멘트

청중을 향해 멘트를 던진다.

예) "여러분, 식사는 맛있게 드셨나요?"

② M = main ment 메인 멘트

인트로 멘트에서 가지치기를 해서 메인 멘트를 던져야 한다.

예) "오늘 구내식당에서 먹은 점심 식사는 제가 평생 먹어 본 식사 중에서 가장 맛있었던 식사였어요."

③ C = closing ment 클로징 멘트

마무리 의지를 담아 클로징 멘트를 던지는 것이다.

예) "여러분, 우리 날마다 점심 식사는 가격과 맛 그리고 건강을 위해서 우리 구내식당에서 먹읍시다."

23. 논리적인 OBC 구조

    논리적인 스피치 OBC 구조를 활용하면 아주 좋은 스피치를 구사할 수 있다. 보통은 말하는 것을 두려워한다. 그것은 자신감이 없기 때문이다. 그러나 OBC 구조를 갖추어 논리적으로 준비하게 되면 더 좋은 스피치를 구사할 수 있다.

· 논리적인 OBC 구조

    사람들은 다양한 발표나 연설에서 곧바로 서론 없이 본론으로 들어가는 사람들의 경우가 많다. 그러나 오프닝과 서론으로 시작하는 것이 더 논리적일 수 있다.

  ① O = opening 오프닝
- 오프닝에서 관심을 끌어야 한다.
- 사전에 충분히 준비되어져야 한다.
- 준비된 오프닝 없이 청중이 긴장한 상태에서 스피치를 하게 되면 실패하게 된다. (아이스브레이킹)
- 청중은 연사의 시작 내용에 무척이나 궁금해한다.
- 연사의 공신력을 재고하라.

② B = body 서론, 본론, 결론

- 서론은 스피치의 첫 단추다. 스피치의 분위기가 달라진다.
- 서론은 반드시 사람들의 관심을 끌어야 한다.
- 청중에게 관심을 끄는 다양한 방법을 연구한다.
- 에피소드를 넣어 관심을 끌 수 있다.
- 충실하고 잘 준비된 내용이어야 한다.
- 본론의 구조는 첫째, 둘째, 셋째 등으로 구성한다.

③ C = closing 클로징

- 결론에서는 재차 감동을 줘야 한다.
- 청중은 보통 마지막 결언을 기억하게 된다.
- 주제의 최종 요점을 말한다.
- 내용을 다시 한 번 정리하여 핵심을 전하라.
- 감사한 마음을 전한다.

논리적인 OBC는 서론에서 청중에게 관심을 끌 수 있도록 하고, 본론은 내용을 충실하게 한다. 그리고 결론은 명언, 메시지 등으로 감동을 준다.

· **리드 멘트 종류**

- **순서**: 첫째, 둘째, 셋째, 다음으로, 마지막으로
- **강조**: 또한, 이와 같이, 게다가

- **대조**: 그러나, 반면에, 그럼에도, 대신에
- **시간**: ~ 할 때, ~ 하는 동안에
- **인과**: 결과적으로, 왜냐하면, 그 이유로
- **요약**: 요약하면, 결론적으로, 끝으로

24. 스피치 EOB 법칙

스피치 EOB 법칙은 쉽고 확신 있는 스피치를 구사할 수 있게 해준다. EOB 커뮤니케이션의 법칙을 적용하면 아주 쉽게 스피치 내용을 전달할 수 있다.

항상 말의 서두는 멋진 예화나 실질적으로 일어난 어떠한 사건을 예화로 전한다. 그리고 이것을 바탕으로 이야기를 전개시켜 나가는 것이다. 마지막에는 이야기가 시사하는 이익이나 결론이 무엇인가를 청중들에게 알려주는 것이다.

· EOB 법칙

① E = example 예화, 사건, 이야기, 에피소드, 경험, 실화

말의 서두에 먼저 자기가 하고자 하는 주제에 맞는 예화나 실제

로 일어난 사건을 소재로 삼는다. 생동감 있고 흥미 있는 이야기와 화제가 좋다. 이 예화에 차지하는 비중은 전체 이야기의 70% 정도가 좋다.

② O = outline 핵심, 요점

이야기를 바탕으로 이야기의 정리된 요점이나 핵심뿐만 아니라 중요 원리나 방법을 제시한다. 이야기의 20% 정도가 좋다.

③ B = benefit 이익, 유익, 결론

이 이야기가 주는 이점이나 이익을 내포하고 있는 결론은 제시한다. 이야기의 10% 정도가 좋다.

· 좋은 첫인상 만들기

① 자신이 소개될 때까지 단정한 자세로 자리에 앉아 기다린다.

② 호명이 되면 자리에서 일어난다.

③ 걸어갈 때는 활기차게 연단으로 나선다.

④ 나가면서 가벼운 미소를 짓는다.

⑤ 첫마디를 하기 전에 청중 중 몇몇 사람과 시선을 교환한다.

⑥ 미리 준비된 아이디어로 오프닝을 시작한다.

⑦ 적어도 오프닝 멘트는 원고를 보지 않는다.

25. 스피치 SSCI 전략

스피치 SSCI 전략은 프레젠테이션에서 매우 좋은 방법이다. 쉽고 간단하고 지적이고 깔끔한 이미지를 줄 수 있기 때문이다. 여기서 'SSCI'란 간단하면서도Simple, 지적이고Smart, 선명하고Clean, 깔끔한 이미지Image를 주는 것을 말한다. 보통 프레젠테이션에서 가장 많이 활용하는 전략이며 간단명료하게 말하는 기법이다.

· **스피치 SSCI 법칙**

  ① S = Simple 간단하게

  ② S = Smart 지적으로

  ③ C = Clean 선명하게

  ④ I = Image 깔끔한 이미지

이 SSCI 전략은 간단명료하게 메시지를 전달하는 데 중점을 두며, 프레젠테이션의 핵심 요소로 널리 활용된다. 아래는 SSCI 전략을 성공적으로 적용한 사례이다.

◆ 사례 보기

· 사례: 마케팅 전략 발표
· 상황: 한 마케팅 매니저가 회사의 새로운 마케팅 전략을 임원진에게 발표하고 있다. 그는 SSCI 전략을 활용하여 발표를 준비했다.

① **Simple** 간단하면서도

주요 메시지: 발표는 세 가지 핵심 포인트로 구성되었다. "우리의 새로운 마케팅 전략은 타겟팅, 콘텐츠 제작, 성과 측정에 중점을 둡니다."

② **Smart** 지적이고

데이터 사용: 발표 중 통계 자료와 데이터 분석 결과를 활용하여 전략의 타당성을 뒷받침했다. "우리의 데이터 분석 결과, 25-34세 연령층이 우리 제품에 가장 큰 관심을 보였습니다."

③ **Clean** 선명하게

비주얼 강조: 중요한 정보를 강조하기 위해 굵은 글씨와 색상을 사용하여 시각적 포인트를 주었다. "다음 슬라이드에서 보시는 것처럼, 우리의 콘텐츠 전략은 세 가지 주요 축으로 구성됩니다."

④ **Image** 깔끔한 이미지

전체 이미지: 프레젠테이션 내내 통일된 시각적 테마를 유지하여 일관된 이미지를 전달했다. "우리의 브랜드 아이덴티티를 반영한 디자인을 통해 깔끔하고 전문적인 이미지를 유지했습니다."

이 사례는 SSCI 전략을 통해 프레젠테이션을 어떻게 간단하면서도 지적이고, 선명하며 깔끔하게 전달할 수 있는지를 보여준다. 이러한 전략을 활용하면 청중에게 명확하고 긍정적인 인상을 줄 수 있다.

· **스피치의 첫머리 3가지 비결**

  ① 자신의 마음을 있는 그대로 말한다.

  ② 최근에 있었던 일을 말한다.

  ③ 청중의 한 사람을 화제로 삼는다.

26. 프레젠테이션 TWA 법칙

프레젠테이션에서 'TWA'란 Training With Amusement의 약자이다. 즉 훈련과 공부는 즐겁게 할수록 쉽게 배운다는 의미이다. 여기서 T는 즐겁게, W는 알기 쉽게, 그리고 A는 애정을 담아 활용하라는 것이다.

· TWA 프레젠테이션 법칙

① T = Training with Amusement 즐겁게

② W = With Clarity 알기 쉽게

③ A = Apply with Affection 애정을 담아

이 법칙을 잘 활용하면 청중의 참여와 이해를 높일 수 있다. 아래는 TWA 법칙을 적용한 사례이다.

◆ 사례 보기

· 사례: 새로운 소프트웨어 교육 세션
· 상황: 한 IT 기업의 교육 담당자가 사내 직원들에게 새로운 소프트웨어 사용법을 교육하는 프레젠테이션을 준비하고 있다. 그는 TWA 법칙을 적용하여 교육 세션을 준비했다.

① **Training with Amusement** 즐겁게
  게임화 요소: 교육 세션에 간단한 퀴즈 게임을 도입하여 학습을 즐겁게 만들었다. "지금부터 소프트웨어의 주요 기능에 대한 퀴즈를 진행하겠습니다. 맞히신 분께는 작은 상품을 드릴게요!"

② **With Clarity** 알기 쉽게
  비주얼 자료: 각 기능을 설명하는 슬라이드에는 간단하고 직관적인

그림과 도표를 사용했다. "이 화면을 보면, 각 버튼의 기능이 색상으로 구분되어 있습니다. 이 도표는 어떤 버튼이 어떤 작업을 하는지 쉽게 보여줍니다."

③ **Apply with Affection** 애정을 담아

<u>사례 공유</u>: 강사는 소프트웨어가 실제로 어떻게 유용했는지에 대한 개인적인 사례를 공유했다. "저도 이 소프트웨어를 사용하면서 업무 효율이 크게 향상되었습니다. 이 도구 덕분에 프로젝트를 두 배 빠르게 완료할 수 있었습니다."

이 사례는 TWA 법칙을 통해 프레젠테이션을 즐겁고 알기 쉽게, 그리고 애정을 담아 진행하는 방법을 보여준다. 이러한 접근은 청중의 참여를 유도하고, 학습 효과를 높이는 데 크게 기여할 수 있다.

· **TWA 프레젠테이션의 포인트**

① 밝게 웃는다.

② 대화체를 사용한다.

③ 꾸준히 연습한다.

④ 유머를 넣어 사용한다.

⑤ '감사합니다'라고 자주 말한다.

27. 스피치 STEP 기법

스피치 STEP 기법은 스피치와 커뮤니케이션에서 효과적인 구조를 제공하는 방법으로, 결과를 먼저 이야기하고 그 뒤에 세부설명을 덧붙이는 방식이다. STEP은 다음과 같은 네 가지 단계로 구성된다.

① S = State the Point 핵심 요점 진술

스피치의 주제나 핵심 요점을 명확하게 전달한다. 이 단계에서는 결과나 결론을 먼저 소개하여 청중에게 전체적인 그림을 보여준다.

② T = Tell the Details 세부 사항 설명

핵심 요점을 뒷받침하는 세부 정보를 제공한다. 이 단계에서는 왜 이 결론이 중요한지, 어떤 근거가 있는지를 설명하여 청중의 이해를 돕는다.

③ E = Explain the Impact 영향 설명

핵심 요점과 세부 사항이 청중에게 어떤 영향을 미치는지 설명한다. 이 단계에서는 정보가 청중에게 어떻게 적용될 수 있는지, 또는 이 정보가 실생활에 어떤 영향을 미칠 수 있는지를 명확히 한다.

④ P = Provide a Summary 요약 제공

핵심 요점을 다시 한 번 요약하고, 청중이 기억해야 할 중요한 메시지를 강조한다. 이 단계에서는 발표의 주요 포인트를 간결하게 정리하여 청중의 기억에 남도록 한다.

◆ 사례 보기
....

· 사례: 기업의 연간 실적 발표
· 상황: 한 기업의 CEO가 연간 실적을 직원들에게 발표하는 프레젠테이션을 준비하고 있다. 그는 STEP 기법을 활용하여 발표를 구조화한다.

① State the Point 핵심 요점 진술

핵심 요점: "올해 우리 회사는 매출이 20% 증가했습니다."
발표의 시작 부분에서, CEO는 전체적인 성과를 명확히 제시한다.
이렇게 함으로써 청중은 발표의 핵심 주제를 즉시 이해할 수 있다.

② Tell the Details 세부 사항 설명

세부 설명: "매출 증가는 주로 신제품 출시와 해외 시장 진출 덕분입니다. 신제품은 출시 후 6개월 만에 500억 원의 매출을 올렸고, 해외 시장에서는 유럽과 아시아 지역에서 각각 15%의 매출 성장을 기록했습니다."
이 단계에서는 매출 증가의 원인과 관련된 구체적인 데이터를 제공하여 핵심 요점을 뒷받침한다.

③ **Explain the Impact** 영향 설명

영향: "이 매출 증가는 회사의 시장 점유율 확대와 더불어, 직원들의 성과급 인상에 기여할 것입니다. 또한, 향후 2년간 추가적인 투자와 연구 개발 자금을 확보할 수 있어, 우리 회사의 지속적인 성장을 보장할 수 있습니다."

이 단계에서는 매출 증가가 회사와 직원들에게 미치는 실제 영향을 설명한다. 청중은 이 정보가 실질적으로 어떻게 회사와 자신에게 유익한지를 이해할 수 있다.

④ **Provide a Summary** 요약 제공

요약: "결론적으로, 올해의 매출 증가가 회사의 성장에 얼마나 중요한지 강조하고 싶습니다. 신제품과 해외 시장 전략이 성공적이었으며, 이는 우리의 지속적인 발전을 위한 중요한 발판이 될 것입니다."

발표의 끝부분에서는 핵심 메시지를 다시 한 번 요약하여 청중이 기억해야 할 중요한 포인트를 강조한다.

이 사례는 스피치 STEP 기법을 통해 발표의 구조를 효과적으로 구성하고, 전달력과 이해력을 높이는 방법을 보여준다. 이 기법을 활용하면 복잡한 정보를 명확하게 전달할 수 있으며, 청중의 관심과 이해를 유지하는 데 큰 도움이 된다.

28. AIDMA 구성 기법

AIDMA 구성법은 주로 마케팅이나 거래, 광고 등의 설득이 필요한 원고 작성에 잘 쓰인다. 하지만, AIDMA 기법은 모든 스피치에 적절히 활용하면 좋은 성과를 낼 수 있다.

· AIDMA 구성 기법

① A = attention 주의를 끔

② I = interest 흥미를 안김

③ D = desire 욕구를 솟침

④ M = memory 기억을 시킴

⑤ A = action 구매를 부추김

주의	"말 춤!" - 가수 싸이의 히트곡입니다.
흥미	그런데 그 '말 춤'은 박희영 교수가 20년 전에 개발했습니다.
욕구	그는 현재 인맥의 왕으로 활동하고 있습니다. 방송이나 인터넷에서 쉽게 찾을 수 있습니다.
기억	"말 춤!" 하면 싸이뿐만 아니라 원조 박희영 교수를 기억합시다.
구매 (실천)	얼른 집에 들어가서 인터넷으로 박희영 교수가 누군지 찾아봅시다.

· AIDMA 기법의 중요 포인트 5가지

① 실제로 소리 내어 연습한다.

② 청중이 있다 생각하고 움직이며 한다.

③ 큰 제스처를 넣어야 할 곳을 넣어서 한다.

④ 시각 기재를 사용하여 해 본다.

⑤ 무대의 전체 이미지를 눈에 익혀둔다.

AIDMA 기법을 효과적으로 활용하기 위해서는 실제 연습, 제스처 활용, 시각자료 사용, 무대 이미지 익히기 등의 노력이 필요하다. 이를 통해 청중을 설득하고 영향력 있는 스피치가 가능해진다.

3 장

효과적인 스피치 문장 구성법

논리적인 원고 작성법 16가지 공식

29. 스피치 설계도 만들기 (구상)

설계도 없이 집을 지을 수는 없고, 길 안내도 없이 낯선 곳을 찾을 수 없다. 또 밑그림 없이 조각을 할 수도 없듯이 설계도나 계획서의 중요성을 간과해서는 안 된다.

스피치 시 처음에 어떤 내용을 놓을지, 중간에 어떤 내용을 채울지, 그리고 마지막에는 어떤 내용으로 마무리 할지를 구체적으로 설계해야 한다. 그래야 전체적인 조화와 균형을 이룰 수가 있다. 따라서 스피치의 설계는 실제 내용 못지않게 중요하다.

· **좋은 스피치의 설계 원칙 6가지**

① 주제를 명확하게 한다.

② 듣는 사람의 관점에 맞춘다.

③ 구체적인 도입부와 사례를 준비한다.

④ 이야기의 마무리가 깔끔하게 한다.

⑤ 메시지를 쉽고 간결하게 전달한다.

⑥ 시각적 커뮤니케이션으로 전달한다.

위 요소들을 고려해 스피치 내용을 구성, 전달하는 것이 성공적인 스피치를 위해 중요하다. 효과적인 스피치를 위해서는 철저한 사전 설계와 준비가 필수적이다. 명확한 주제, 청중 중심의 접근, 주목할 만한 도입과 사례, 인상적인 마무리, 간결하고 쉬운 메시지 전달, 시각자료 활용 등의 원칙을 고려하여 체계적으로 설계한다. 이를 통해 청중의 관심과 이해를 이끌어내고, 메시지를 효과적으로 전달할 수 있다.

30. [주제+화제+주제] 스피치 구성법

사람들 앞에서 스피치나 대화 시 가장 좋은 구성법은 [주제+화제+주제] 순이다. 짧은 스피치도 [주제+화제+주제] 규칙을 따르면 어디서든 자신감을 갖고 멋진 스피치를 구사할 수 있다.

· **[주제+화제+주제] 스피치 구성법 이해**
  - **주제**: 이야기하고자 하는 핵심적 내용을 짧은 문장으로 요약한다. (서론)
  - **화제**: 주제를 뒷받침해 줄 구체적인 예나 에피소드 등을 구성한다. (본론)
  - **주제**: 주제를 다시 한 번 강조함으로써 내용을 깔끔하게 마무리한다. (결론)

◆ 결혼식 축사의 예

주제	오늘 신랑 홍길동 군과 신부 김미숙 양의 결혼식을 진심으로 축하드립니다. 저는 신랑 홍길동 군이 마음이 따뜻하고 게임개발 재능이 많은 청년이라는 것을 여러분께 말씀드리고자 합니다.
화제	10년 전, 저와 홍길동 군은 한 회사에서 근무했던 적이 있었습니다. ~ (구체적인 사례 소개)
주제	이처럼 신랑은 마음이 무척 따뜻한 청년이며 게임개발 분야에서 최고의 실력가입니다. ~ (한 번 더 강조)

◆ 실전: 서론, 본론, 결론 구조 이해

서론: 도입부
본론: 핵심 1, 핵심 2, 핵심 3
결론: 다시 핵심 반복 강조

예) **서론**: 도입

본론

  핵심 1:

  핵심 2:

  핵심 3:

결론

여러분들도 부자가 되는 3가지 법칙을 적용한다면 보다 경제적 자유를 누리게 될 것입니다.

31. 스피치 구성의 핵심: 3단 4단 구성

스피치 작성에서 청중의 이해도를 높이고 효과적인 전달을 하려면 구성이 매우 중요하다. 특히 3단과 4단 구성은 단순하면서도 강력한 프레임워크를 제공하여 명확한 메시지를 전달하는 데 도움을 준다.

◆ 3단 구성 기본

주제 본풀이 마무리	서론 본론 결론	도입 전개 결어	발단 경과 결말
기본 구조	논문, 논설문, 평론문	일반 문장들	소설, 희곡, 이야기

◆ 4단 구성 기본

- 도입 → 본체1 → 본체2 → 맺음
- 기 → 승 → 전 → 결
- 단서 → 고찰 → 비교 → 논증
- 도입 → 진술 → 논증 → 결어
- 진술 → 논증 → 본론 → 결어

· **3단과 4단 구성 활용 팁**

- **주제에 맞는 구성 선택:** 전달하려는 메시지와 청중의 특성에 따라 3단 또는 4단 구성 중 적절한 것을 선택한다.
- **명확한 핵심 포인트 제시:** 각 단계에서 다룰 핵심 포인트를 명확하게 제시한다.
- **논리적 전개:** 각 단계를 논리적으로 연결하여 메시지의 일관성을 유지한다.
- **적절한 예시 활용:** 청중의 이해를 돕기 위해 적절한 예시를 활용한다.
- **시각 자료 활용:** 차트, 그림 등 시각 자료를 활용하여 청중의 참여를 유도한다.

3단과 4단 구성은 스피치 작성의 기본이지만, 다양한 상황에 따라 유연하게 활용될 수 있다. 청중과 메시지의 특성을 고려하여 적절한 구성을 선택하고, 명확하고 논리적인 전개를 통해 효과적인 스피치를 작성한다.

32. 스피치 5단 구성의 기본

스피치 5단 구성은 이러한 요구를 충족시키는 강력한 프레임워크로서, 스피치의 완성도를 한 단계 높여준다. 3단과 4단 구성의 장점을 바탕으로 보다 심도 있고 설득력 있는 메시지 전달을 가능하게 한다.

◆ 5단 구성 기본

- 도입 → 본체1 → 본체2 → 본체3 → 맺음
- 기 → 승 → 포 → 서 → 결
- 도입 → 진술 → 증명 → 반론 → 결어
- 도입 → 방법 → 결과 → 고찰 → 결론
- 주의 → 흥미 → 욕구 → 기억 → 구매

기	화제를 내보인다.
승	주제를 내보인다.
포	내세운 주제를 받아 발전, 전개시키는 방향을 보인다.
서	구체적인 사실, 이론, 증거를 들어 자세히 말하고 보충하거나 보강, 재강조해 나아간다.
결	전체를 갈무리하고 마무리한다.

도입	조사, 실험의 필요성, 동기
방법	실천했던 방법의 과정
결과	나타난 결과
고찰	나타난 결과에 대한 원인 분석
결론	전체를 묶는 의견, 전망, 문제점

스피치 5단 구성은 다양한 상황에서 활용될 수 있는 유연한 프레임워크이다. 강연, 발표, 설득 등 다양한 목적의 스피치 작성에 활용하여 메시지 전달의 효과를 극대화할 수 있다. 청중과 상황에 맞는 구성을 선택하고, 명확하고 설득력 있는 전개를 통해 청중의 마음을 사로잡는 스피치를 작성한다.

33. 스피치 6단 구성의 기본

스피치는 단순히 정보를 전달하는 것을 넘어, 청중을 감동시키고 설득하며 행동을 유도하는 강력한 도구이다. 스피치 6단 구성은 이러한 목표를 달성하기 위한 완벽한 스토리텔링 프레임워크를 제공한다.

◆ 6단 구성 기본

....

① 들머리 – 주제 제시 – 분설 – 설명 – 강조(보설) – 마무리

들머리	사원 여러분, 새로 입사한 정병태 씨를 환영하면서 잠시 소개 말씀 드리겠습니다.
주제 제시	중요한 특징을 소개….
분설	전개의 방향… 이분의 특징을 세 가지로 구분해 볼 수 있습니다.
설명	첫째는, 인간성입니다…. 둘째는, 셋째는….
강조 (보설)	빠뜨릴 수 없는 일화 한 가지가 있습니다. 설악산에서….
마무리	시간 관계상 정병태 씨의 모든 장점을 알려 드리지 못해 안타깝습니다….

② 기 – 승 – 포 – 서 – 과 – 결

기	제목을 소개하거나 화제를 일으킴
승	제목을 풀이하거나 주제를 보임
포	'승'을 상술하거나, 주제 설정의 이유를 듦
서	'포'의 요약이거나 반복, 강조
과	'서'를 한번 굴려 꺾거나 변화를 일으킴
결	전체를 균형적으로 맞물리며 맺음

스피치 6단 구성은 숙련된 스피커가 사용하는 강력한 기술이지만 누구나 연습을 통해 활용할 수 있다. 스피치 6단 구성을 활용하여 청중을 사로잡는 감동적인 스토리를 전달하고 메시지를 설득력 있게 전달하며 청중을 행동하도록 유도한다.

34. 스피치 구성 주제문 만들기

스피치의 성공 여부는 청중의 이해도와 참여도에 달려 있다. 명확하고 설득력 있는 주제문은 청중의 관심을 끌고 메시지의 방향을 제시하며 기대감을 높이는 데 중요한 역할을 한다.

본 글에서는 두괄식, 미괄식, 쌍괄식의 세 가지 주제문 구성 전략을 소개하고, 각 전략의 특징과 활용 방법을 설명한다.

좋은 문장의 구성은 말하기를 보다 쉽게 해준다. 그리고 그 구체적 내용으로 적절한 위치에서의 명확한 주제를 제시하는 것이다.

· 두괄식: 주제 → 설명, 논증으로 구성

청중은 들머리만으로도 주제를 알게 되므로 나머지 부분은 이해하기가 쉽다. 즉 중요한 것은 맨 앞에의 원칙을 적용하는 것이다. 실용문, 기능문에 많이 쓰인다.

	[단락]
[단락]	[단락]
(주제)	[단락]

· 미괄식: 사례, 열거 → 결론, 주제의 구성

주제가 청중들로 하여금 저항이나 반감을 살 만한 내용인 경우에 유효한 틀이다. 끝까지 읽어야 전달자나 글쓴이의 의도나 목적이 분명해지는 구성이다.

[단락]	
[단락]	[단락]
[단락]	(주제)

· 쌍괄식: 주제 → 설명 → 주제의 구성

두괄식과 미괄식을 어우른 것으로 청중들이 빨리 이해하고 깊은 인상을 갖는 틀이다. 대표적인 3단 짜임으로 논설문 따위에 흔히 쓰인다.

[단락]		[단락]
[단락]	[단락]	[단락]
[단락]	(주제)	[단락]

스피치 구성에서 주제문은 매우 중요한 역할을 한다. 청중의 특성과 상황에 맞는 적절한 주제문 구성 전략을 선택하고, 명확하고 설득력 있는 주제문을 제시하여 청중을 사로잡는 효과적인 스피치를 작성하라.

35. 구성의 단락 이해하기

스피치 작성에서 단락은 생각을 체계적으로 정리하고, 청중에게 명확하게 전달하는 데 필수적인 역할을 한다. 단락의 종류와 기능을 이해하고 적절하게 활용함으로써 효과적인 스피치 구성을 위한 기반을 마련할 수 있다.

· 단락의 개념

단락은 문장의 집합으로서, 하나의 주제를 중심으로 논리적으로 연결되어 있다. 마치 건물의 층과 같이, 단락은 스피치의 구성 요소를 이루고 내용을 체계적으로 구분한다.

내용 단락

형식 단락
- 도입 단락
- 접속 단락
- 설명 단락
- 보충 단락
- 주제 단락
- 종결 단락

· 단락의 종류

단락의 종류를 아는 것만으로도 문장 쓰기에 큰 도움이 된다.

- 화제 단락: 문장의 들머리에 놓임
- 도입 단락: 문장의 시작에 놓임
- 접속 단락: 단락을 잇음
- 병립 단락: '그리고'로 이어짐
- 대립 단락: '그러나'로 이어짐

- 독립 단락: 내용을 강조
- 주제 단락: 중심적인 요지
- 중심 단락: 핵심적인 단락
- 보충 단락: 설명의 보충
- 결론 단락: 결론의 단락
- 종결 단락: 종결의 단락

· **단락의 요지 사례**

> 르네상스의 천재 레오나르도 다빈치는 이렇게 말했다. **"권태보다는 차라리 죽음을!"** 권태롭게 사는 것보다는 차라리 죽음을 택하겠다는 것이다.

위 단락에서 밑줄 친 곳이 요지다. 요지란 그 단락에 표현되어 있는 내용의 요약이다. 그리고 그 단락의 화제문을 가리킨다. 곧 단락은 그 화제문을 중심으로 전개되는 것이다. 나머지는 그 화제문의 떠받침문이고 전개문이다.

이처럼 단락은 스피치 구성의 기본 요소이며, 효과적인 활용을 통해 청중에게 명확하고 설득력 있는 메시지를 전달할 수 있다. 다양한 단락 종류를 이해하고, 요지를 파악하는 방법을 익히며 적절한 전략을 활용하여 스피치 구성의 완성도를 높인다.

36. 커뮤니케이션 3단 구성 전략

성공적인 커뮤니케이션은 명확한 전달과 청중의 이해, 참여를 위한 전략적인 접근이 필요하다. 3단 구성은 이러한 목표를 달성하기 위한 효과적인 프레임워크를 제공한다. 고대 그리스 철학자 아리스토텔레스의 3단계 논법에서 유래한 간단하면서도 강력한 도구이다.

· **커뮤니케이션의 3단 구성**

서론	결론	
	이유	
	목적	
본론	주제 1	- 내용
	주제 2	- 내용
	주제 3	- 내용
결론	요약	
	결론	
	끝인사	

· **커뮤니케이션 유형별 3단 구성 활용**

- **회의**: 서론에서 회의 목적과 주제를 제시하고 본론에서 주제별 논의를 진행하며 결론에서 주요 결정 사항과 다음 단계를 요약한다.

- **발표**: 서론에서 발표 주제를 소개하고 본론에서 주요 내용을 논리적으로 전개하며 결론에서 주요 내용을 요약하고 청중에게 메시지를 전달한다.

- **면접**: 서론에서 자신을 소개하고 본론에서 면접 질문에 답변하며 결론에서 자신의 강점과 면접에 대한 열정을 표현한다.

- **협상**: 서론에서 협상 목표를 제시하고 본론에서 주요 논점을 논의하며 결론에서 합의 내용을 요약하고 다음 단계를 논의한다.

이 3단 구성은 효과적인 커뮤니케이션을 위한 필수 전략이며 다양한 상황에서 활용될 수 있다. 명확하고 논리적인 구성을 통해 청중에게 메시지를 효과적으로 전달하고 원하는 결과를 달성할 수 있다.

37. 스피치 3단계 구성법

스피치 3단계 구성법을 사용하면 설득력이 좋아진다. 이야기는 [주제+화제+주제]의 형식으로 구성한다. 즉 주제를 맨 먼저 이야기한 후 화제로 들어간다. 간단하면서도 듣는 사람에게 강한 인상을 남길 수 있는 3단계 구성법이다.

· 3단계 구성법

- **주제**: 이야기하고자 하는 핵심적 내용, 큰 틀을 짧은 문장으로 먼저 요약한다.
- **화제**: 주제를 뒷받침해 줄 구체적인 예나 에피소드 등이다.
- **주제**: 주제를 다시 한 번 강조함으로써 깔끔하게 마무리한다.

◆ 주제의 예

① 여러분 안녕하십니까?
  저는 삼성프라자 영업과에서 근무하는 정병태 과장입니다.
  오늘은 고객 대면 인사법에 대해서 말씀을 드리려고 합니다.

② 삼성프라자 영업과에서 근무하고 있는 정병태 과장입니다.
  저희 회사가 이번에 신상품으로 개발한 스마트폰 A55 모델을 소개하고자 합니다.

. . . .

> ~
>
> 사실 저희 회사가 선보이는 이 스마트폰 A55 모델은 가벼운 것이 가
> 장 큰 자랑입니다. 가볍기 때문에 늘 휴대가 간편하다는 것이 특징입
> 니다. 더불어 가격도 저렴합니다.
>
> ~

38. 기승전결형 스토리 작성 기법

이 '기승전결형' 스토리 작성 기법은 읽거나 듣는 사람의 흥미를 자
극하면서 결론까지 이끌어 가는 기술적인 구성 방법이다. 이 방법은
문자 그대로, 맨 처음에 이야기를 일으켜 세우고, 이를 이어 나가고,
제3단계에서 생각지도 못한 방향으로 전환하였다가, 마지막에 두 이
야기를 종합하여 전체를 집약하는 것이다. 이는 스토리적 이야기를
전할 때 좋다.

· 기승전결 구성 방법

- 기起: 이야기를 일으켜 세움

- 승承: 내용을 이어 나감

- 전轉: 이야기를 전환함

- 결結: 마무리

예를 들어 설명해보겠다.

기	요즘 경기 불황과 미국 금융 위기로 말미암아 동네 상권의 슈퍼마켓의 매출이 현저히 줄어들었다.
승	남편이 집 앞 슈퍼마켓에서 라면 1박스를 사서 집에 왔다. 그런데 확인해보니 부엌에 라면이 있고 살림도 어려워서 다시 반품하였다.
전	집으로 하나의 택배가 왔는데, 뜯어보니 시골에서 어머니가 사은품으로 받은 라면 2박스를 보내 주었다.
결	경기가 힘들수록 근면하고 아끼는 삶을 살아야 한다. 그러면 좋은 결과가 있을 것이다.

또 다른 기승전결의 예이다.

기	광우병으로 백화점에서 쇠고기가 잘 팔리지 않는다.
승	동네 상점에서 국내산이라 쇠고기를 사서 가지고 집에 와서 확인해보니 놀랍게도 중국산이었다.

전	근처에 얼마 되지 않은 아파트가 붕괴되는 사건이 있었다. 그 아파트는 한마디로 엉터리 아파트였다.
결	부정은 허용하지 마라.

다음은 한 칼럼[1]에서 가져온 예이다.

기	안 싸울 수는 없다. 성장 배경부터 전혀 다른 두 인격체가 피부를 맞대고 살아야 하는데 싸울 일이 없다니, 결혼식장의 의례적인 선서 한마디로 둘이 하나가 될 순 없는 일. 일심동체가 되어야 한다는 환상부터 버려야 한다.
승	서로 다른 두 사람이 함께 잘 살아가는 슬기를 다듬어야 하는 이심이체다. 평생 부부싸움 한번 해 본 적 없다는 노인네들을 더러본다. 존경을 넘어 놀랄 일이다. 하지만 그 속을 누가 알랴.
전	내 친구 부모님은 금실이 좋기로 동네 소문이 나 있다. 싸움 한번 한 적이 없다니, 어떻게 그럴 수가 있을까? 어느 해 새배를 드린 후 몹시 궁금한 우리로선 더 이상 참을 수 없었다. "어떻게 그럴 수 있었습니까? 그 비결이 무엇입니까?"
결	아버님은 묘한 웃음을 지으셨다. 뭐랄까. 좀 씁쓰레한 웃음이라는 표현이 적절한 것 같다. "자네들은 의사니까 내 죽거든 쓸개가 아직 남아 있는지 해부해 보게. 에미도 없을 걸세."

---

1 이시형 칼럼 「폭력만은 피해야」

39. 기승전결형 원고 작성법

기승전결형 원고 작성법은 기승전결 4단계 화법으로 이끌어준다.

'기'는 연극에서 말하는 개막이며 문장에서는 첫 행의 시작 부분에 해당한다. '승'은 기를 받아 보다 깊은 내용으로 심화시키고, '전'에서는 변화를 주어 의표를 찌르는 내용으로 전개하고, '결'에서는 매듭을 짓는다.

즉 기는 도입 부분인 서론을, 승은 사실, 관찰, 실험을, 전은 분석, 논증을, 결은 결론을 나타내는 것이다.

이는 이야기를 예상 밖의 전개를 펼치기 때문에 재미가 있고, 읽거나 듣는 사람들로 하여금 "역시 그렇군." 하고 납득하게 만들 수 있으므로 이야기를 인상 깊게 꾸밀 수 있다. 그런데 이 기승전결형 이야기는 맨 먼저 결론을 내려두고 그런 다음에 두 개의 화제를 찾아낸다.

이것은 아주 설득하기 좋은 스피치 작성의 유형이다. 그러므로 적절히 한 주제나 대지 안에 기승전결로 전개해 나아가는 스피치 작성을 적절히 활용해보라.

◆ 기승전결 양식

주제:

기	
승	
전	
결	

40. 긴 스피치 원고 구성법

긴 스피치를 하거나 이야기를 구성할 때 대항목, 중항목, 소항목 순으로 나누어 정리하고 준비한다. 구성의 시간을 3분짜리 이야기로 구성한다. 그 구성 방법은 아래와 같다.

대항목	3분 이야기								
중항목	3분			3분			3분		
소항목	3분	3분	3분	3분	3분	3분	3분	3분	3분

· 대중소 원고 작성법

긴 스피치를 구성할 때는 대항목, 중항목, 소항목 순으로 나누어 구성하면 좋다. 특히 긴 스피치 원고 작성으로 매우 좋다. 내용 정리도 아래와 같이 한다. 모든 긴 스피치는 내용에 관계없이 3분짜리 이야기의 연속이기 때문이다.

- **대항목**: 3분짜리 이야기
  항목: 1개, 시간: 3분
- **중항목**: 3분짜리 이야기 / 3분짜리 이야기
  항목: 2개, 시간: 6분

- **소항목**: 3분짜리 이야기×3 / 3분짜리 이야기×3
  항목: 6개, 시간: 30, 60분

이와 같은 대중소 구조의 원고 작성 틀을 익혀서 원고를 작성하게 되면 좋은 스피치를 구사할 수 있을 것이다. 수시로 연습하고 익혀서 실전에서 직접 사용하기를 바란다.

· 3-3-3 트리 구조 방법

스피치 구성을 3단계 구조를 따르면 효과가 좋다. 먼저 개요를 이야기한 다음 본론을 이야기하고, 마지막으로 다시 한 번 요약해 주는 것이다.

이와 같은 이야기 구성은 훨씬 더 짜임새 있게 도와준다.

◆ 3-3-3 트리 구조

주제		
소주제 1	소주제 2	소주제 3
본론 1	본론 2	본론 3
요약1	요약 2	요약 3
결론		

41. [주제 + 화제]의 원고 작성법

원고 작성에 있어 [주제 + 화제]의 논리적인 원고 작성법은 아주 중요하다. 특별히 주의해야 할 것은 구체적인 예화나 에피소드가 반드시 필요하다. 그리고 구체적인 작성을 통해 사람들의 관심을 이끌어낸다.

- 주제: 1. 정치와 대통령

- 화제: 1) 과거의 정치~

　　　　2) 과거의 대통령~

　　　　3) 현재의 정치~

· [주제 + 화제] 작성 요령

[주제]는 보통 20자 이내로 짧게 요약한다. 짧게 요약함으로써 스스로도 강조해야 할 포인트를 분명하게 파악할 수 있고, 듣는 사람으로서도 이해하기 쉽다. 그리고 설득시킬 수 있는 [화제]를 요약하여 전달한다.

전체적인 이야기의 흐름을 파악하기 위해 주제와 화제의 전개에 대하여 요점만 간단히 적는다. 결국 주제+화제 원고 작성은 두려움이 없이 그리고 막힘없이 술술 스피치 할 수 있는 비결이다.

◆ 사례 보기

① 주제를 한 문장 형식으로 만들어 그 전문을 적는다.

예) 인사를 잘 하자.

② 화제 전개에 대한 요점을 가능한 한 짧게 메모한다.

- 인사의 중요성

- 인사의 유익

- 인사의 결과

· [주제 + 화제]의 원고 작성

- 주제: 인사를 잘 합시다.

- 화제: 요점을 한 마디로 메모한다.

짤막한 단문으로 줄거리만 적어놓고 이야기의 흐름을 머릿속에 입력한다. 읽기 쉽도록 가능한 한 큰 글자로 써두는 것이 좋다. 이 메모지조차도 어디까지나 이야기의 흐름을 놓쳤을 때를 대비한 것이다.

· 연사가 매력적으로 보이는 3요소

① 능력 ② 열정 ③ 친근감

42. 끌리는 주제문 만들기

좋은 스피치를 만들기 위해서는 먼저 좋은 문장을 구성해야 한다. 주제는 메시지 전체를 대표하는 것으로, 목적과 의도에 잘 맞아야 한다. 추상적인 주제는 좁히는 것이 좋다. 주제를 좁혀 가면 글쓰기가 쉬워지고 깊이가 생긴다. 실감 나고 효과적인 문장이 된다. 주제를 쪼개서 구체적으로 본다.

· 주제 쪼개기

주제가 '할머니'라면, 이를 할머니의 친구, 고향, 학창시절, 결혼, 첫사랑, 애창곡, 지역, 학교 등으로 세부적으로 다시 쪼갤 수 있다. 막연한 주제를 좁고 뚜렷한 주제, 나아가 주제문으로 삼으면 앞으로 전개할 문장 내용이 나타나게 된다.

- 막연한 주제 → 좁고 뚜렷한 주제 → 주제문

· 주제문

주제문 하나로는 완전한 문장이 될 수 없다. 주제에서 내용을 잘게 쪼개거나 부분으로 나눠서 벌려야 비로소 문장이 된다.

- **분석**: 덩어리로 보이는 것을 구성 요소로 나눠 하나하나 살핌으로써 전체를 밝히는 것이다. 분석의 가짓수는 셋이 알맞다.
- **분류**: 개별적으로 존재하듯 보이는 것들을 그 공통성으로 묶어 몇 개의 동아리나 종류로 나눠 전체를 파악하는 것이다.

· **주제를 쪼개어 전개하기**

① **비교 대조 방법**: 문장의 내용을 풍부하게 하고 생각을 깊게 하는 전개 방식이다. 비교는 '두 개의 다른 것 사이의 공통점을 발견하여 서술하는 것'이고, 대조는 '비슷한 것 사이의 차이점을 발견하여 문장을 전개하는 것'이다.

② **원인 이유 방법**: 이해나 설득의 원칙으로 원인과 이유를 문장으로 전개하는 방법이다.

③ **정의로 펴는 방법**: 화제의 의의나 용어 개념은 장차 전개할 주제의 방향이나 범위의 예고편이다. 다른 것과 구별되는 특징이다.

④ **중요도 순서로 펴는 방법**: 화제나 내용을 재미나 감정을 점점 높여감으로써 최후에 결정적 결말을 보이는 점층적 전개법이다.

예) 가장 중요한 것 → 그다음 중요한 것 → 중요도가 가장 낮은 것

⑤ **소거법**: 부정적인 것들을 하나하나 열거해 나아가다가 최후에 긍정으로 끝맺는 방법이다.

예) 부정+긍정, 단점+장점, 질책+찬양

⑥ **역전법**: 전설, 설화, 무용담, 서사문 등 허를 찌르거나 최후의 승

리를 강조할 때 유용하다. 예상 밖의 결말, 놀라운 감동을 이끌어낸다.

⑦ **묘사법**: 추상적 결론을 구체적 전달 방법 중 하나인 묘사법이다.

43. 좋은 제목 문장 만들기

제목은 그 문장의 얼굴이고 간판이다. '같은 값이면 다홍치마다.'라는 말이 있을 정도다. '제목 보고 책을 고른다.'는 말도 있다. 모두 외모의 중요성을 말하는 것이다. 그러므로 제목에 신경을 쓰는 것은 결코 헛일은 아니다. 제목 붙이기의 조건으로는 다음 세 가지를 들 수 있다.

① **적절성**: 제목은 내용의 거울이므로 내용과 잘 어울려야 한다.
② **매력성**: 제목이 재미있으면 읽지 말라고 해도 읽는다. 듣지 말라고 해도 적극적으로 듣는다.
③ **간결성**: 제목은 내용의 압축, 짧은 표현, 여운진 표현 등 군더더기가 빠지고 길지 않으며 내용 중심이다.

<u>예)</u> "사람은 무엇 하러 사나" → "왜 사느냐?"

· **부제목**

부제목은 본제목만으로는 그 내용을 다 나타낼 수 없을 때 붙인다. 제목이 내용을 나타낸다면 부제목은 관점을 나타낸다. 부제목은 여러 기능으로 나타낼 수 있다.

예) 제목: 영어회화 공부 / 부제목: 발음에서 읽기까지

44. 실전, 자기소개 작성하기

PER 스피치 법칙은 Positioning포지셔닝, Episode에피소드, Resolut-ion레졸루션의 세 단계로 구성된 자기소개 전략이다. 짧은 시간 안에 자신을 효과적으로 어필하고 청중에게 깊은 인상을 남길 수 있도록 설계되었다.

① P = positioning 포지셔닝
자신을 어떤 사람으로 소개할지 명확하게 제시한다.
예) "저는 창의적이고 문제 해결 능력이 뛰어난 웹 개발자입니다."

② E = episode 에피소드

자신의 강점이나 경험을 보여주는 구체적 에피소드를 제시한다.

예) "대학교 졸업 프로젝트에서 팀원들과 함께 웹사이트 개발을 진행했습니다. 저는 프론트엔드 개발을 담당하며, 사용자 인터페이스 설계 및 코딩을 통해 사이트의 완성도를 높였습니다."

③ R = resolution 레졸루션

미래 목표와 회사에 대한 열정을 드러내며 마무리한다.

예) "저는 귀사에서 핵심 웹 개발자로 성장하여, 혁신적인 웹 서비스 개발에 기여하고 싶습니다. 저의 창의력과 문제 해결 능력을 바탕으로, 사용자에게 최고의 경험을 선사하는 웹 서비스를 개발하는 데 앞장서겠습니다."

◆ 자기소개 원고 만들기

PER 스피치 법칙을 활용하여 멋진 자기소개 법칙을 만들어본다. 분량은 1분 30초 안에 PER 내용으로 자기소개서를 작성한다.

P: positioning 포지셔닝

_____

_____

E: episode 에피소드

_____

_____

R: resolution 레솔루션

_____

_____

◆ 전체 자기소개서 작성하기
....

_____

_____

_____

_____

_____

_____

_____

_____

_____

4 장

꼭 알아야 할 스피치 건배사

나만의 건배사 만들기

45. 건배사의 TEC 법칙

요즘은 누구든 멋진 건배사 정도는 할 수 있어야 된다. 어떤 자리에서든 간단한 건배사를 하는 경우가 심심찮게 있다. 따라서 건배사 두세 개 정도는 할 수 있도록 준비해둔다. 그런데 막상 건배사를 하는 순간 자신감을 잃어 당황하는 사람들을 쉽게 볼 수 있다.

여기 건배사에 TEC를 활용하면 잘할 수 있다.

· TEC 법칙

TEC 법칙은 Thank you감사, Episode에피소드, Cheers건배의 세 단계로 구성된 건배사 전략이다. 짧은 시간 안에 감동과 즐거움을 선사하며 자연스러운 분위기를 조성하는 데 효과적이다. 이 법칙을 잘 활용하면 멋지고 좋은 건배사를 아주 쉽게 전할 수 있다.

① T = thank you

건배사의 첫 번째 멘트는 감사함으로부터 시작한다. 자신에게 건배사를 할 기회를 준 데에 고마움을 표시한다. 짧은 건배사라 할지라도 준비 없이는 성공할 수 없다.

예) "이렇게 제게 건배 제의를 할 수 있는 영광을 주셔서 감사합니다."

② E = episode

에피소드를 넣어 건배사를 한다. 건배사의 에피소드에는 크게 2가지가 있는데, 18번지 에피소드와 현장형 에피소드이다.

이렇게 제게 건배 제의를 할 수 있는 영광을 주셔서 감사합니다.
제가 오늘 이 모임에서 하고 싶은 건배사는 이런 것입니다.
"진달래"입니다.
"진달래 꽃이 아니라, 진하고 달콤한 내일을 위하여!"라는 뜻이라고 하네요.
오늘 모이신 여러분도 반드시 내년에는 "진달래" 하시길 바랍니다.
그럼 제가 "진하고 달콤한 내일을 위하여!"라고 외칠 테니,
여러분은 "진달래, 진달래, 진달래"라고 3번 외쳐주시면 됩니다.
"진하고 달콤한 내일을 위하여!"
"진달래, 진달래, 진달래!"

③ C = cheers

건배사의 마지막은 힘차게 선창하고 후창을 한다. 건배사의 선창은 크게 해야 후창도 크게 외치게 된다.

제가 "사우나"로 건배제의를 할 텐데요.
사우나는 "사랑과 우정을 나누자"라는 뜻을 갖고 있습니다.

우리 오늘의 우정 영원토록 사우나합시다.

그럼 제가 "사랑과 우정을 나누자"라고 말 할테니,

여러분은 "사우나~"라고 외쳐주세요.

"사랑과 우정을 나누자!"

"사우나~"

건배사에서 주의할 점은 구호는 크게 외쳐야 한다. 그리고 너무 길게는 하지 말라. 잔을 채울 시간을 줘야 하고 건배사에 맞는 퍼포먼스가 들어가면 더욱 좋다.

46. 실전, 건배사 만들어 사용하기

◆ 인터넷에서 인기 건배사, 스스로 건배사 의미 찾아 쓰기

건 배 사	의 미
청바지	
마돈나	
구구팔팔	
고진감래	
소화제	

◆ 좋은 건배사 외워 사용해보기

건 배 사	건 배 사 의 의 미
스마일	스쳐도 웃고, 마주쳐도 웃고, 일부러도 웃자.
쓰죽	쓰고 죽자.
CEO	시원하게 이끌어주는 오너가 되자.
오행시	오늘도 행복한 시간을 위해.
우거지	우아하고 거룩하고 지성 있게.
우하하	우리는 하늘 아래 하나다.
원더걸스	원하는 만큼 더도 말고 덜도 말고 걸맞게 스스로 마시자.
찬찬찬	가득찬, 희망찬, 활기찬.
참이슬	참되게 이롭게 슬기롭게.

◆ 실전, TEC를 활용하여 건배사 원고 만들기

> · 시작 멘트
>
> _____
>
> _____
>
> _____
>
> _____

· 실전 건배사

_____

_____

_____

_____

· 맺는말

_____

_____

_____

_____

◆ 센스 있는 건배사

건 배 사	건 배 사 의 의 미
마숑 드숑 (프랑스)	술을 말아서(드숑) 마시자(드숑).
주전자	주저하지 말고, 전화 주세요. 자주 봅시다.
재건축	재미나게~, 건강하게~, 축복받는 멋진 사람들과 함께!
이기자	이런, 기회를, 자주 만들자.
동사무소	동료를, 사랑하는 것이, 무엇보다, 소중하다!
아이유	아름다운, 이 세상, 유감없이 살다 가자.

47. 실전, 건배사 모음 사용하기

· 건배사 순서

① 모두 잔을 채워주세요.

② 감사 인사 / 짧은 인사말

③ 모임 취지 관련 멘트

④ 제가 '○○○' 선창하면 '○○○'후창으로 화답해 주세요.

◆ 실전 건배사 모음

	직원 회식
남행열차	남다른 행동과 열정으로 차세대 리더가 되자.
어머나	어디든 머문 곳에는 나만의 발자취, 추억을 남기자.
소녀시대	소중한 여러분 시방 잔 대봅시다.
앗 싸! 가오리	가슴속에 오래 기억되는 리더가 되자.
주전자	주인답게 살고, 전문성을 갖추고 살고, 자신감을 가지고 살자.
통통통	의사소통, 운수대통, 만사형통.
위하여	위기를 기회로! 하면 된다. 여러분 힘내십시오!
마스터	마음껏 스스럼없이 터놓고 마시자.
마무리	마음먹은 대로 무슨 일이든 이루자.

오바마	오늘은 바래다줄게 마시자. 오직 바라는 대로 마음먹은 대로 이루어지길.
당신 멋져	당당하고 신나고 멋지게 져 줍시다.
개나리	계급장 떼고, 나이는 잊고, 릴렉스하자.
개나발	개인과 / 나라의 / 발전을 위하여!
그 외	우리는 / 하나다. 함께 가면 / 멀리 간다. 술잔은 / 비우고, 마음은 / 채우고, 전통은 / 세우자. 선배는 / 끌어주고, 후배는 / 밀어주고, 스트레스는 / 날리자.

	모임 분위기 띄우기
당나귀	당신과 나의 귀한 만남을 위하여.
해당화	해가 갈수록 당당하고 화려하게.
지화자	지금부터 화끈한 자리를 위하여.
우아미	우아하고 아름다운 미래를 위하여!
올보기	올해에도 보람 있고 기분 좋게 지냅시다.
그 외	· 등산모임 산은 정상까지(잔을 높게 들면서) – 하산은/안전하게(잔을 내리면서) – 등산은 수준대로(잔을 모으면서) 이상은 / 높게(잔을 높게 들면서) 우정(사랑)은 / 깊게(잔을 내리면서) 인생은 평등하게(잔을 모으면서)

	사랑, 우정, 건강 기원
사우나	사랑과 우정을 나누자.
오징어	오래도록 징그럽게 어울리자.
사이다	사랑을 이 술잔에 담아 다같이 원샷!
가감승제 건배사	기쁨은 / 더하고, 슬픔은 / 빼고, 희망은 / 곱하고, 사랑은 / 나누자.
사이다	진하고 달콤한 내일을 위하여.
건~배	건강은 배려하는 마음에서 온다.
재건축	재미나고 건강하게 축복받으며 삽시다.
일십백천만	하루에 1번 이상 좋은 일을 하고, 10번 이상 큰소리로 웃고, 100자 이상을 쓰고, 1,000자 이상을 읽으며, 10,000보 이상 걷자.
	송별모임
고사리	남다른 행동과 열정으로 차세대 리더가 되자.
껄껄껄	좀 더 사랑할걸, 좀 더 즐길걸, 좀 더 베풀걸.
변사또	변치 말고 사랑하자, 또 사랑하자.
나가자	나라를 위하여 가정을 위하여 자신을 위하여.
진달래	진하고 달콤한 내일을 위하여.
	술자리 끝낼 때
초가집	초지일관 가자 집으로, 2차는 없다.
119를 위하여	한 가지 술을, 1차에 밤 9시까지만 먹기.
222를 위하여	2가지 술을 섞지 않고 2잔 이상 권하지 않고 2차는 절대 없음.
마돈나	마시고 돈 내고 나가자(마지막 술잔 비울 때).

3부

사회 행사 진행 스피치 및
스피치 개요서 작성하기
- 스피치 작성법 16가지

5 장

실전,
사회 행사 진행 스피치 기법

스피치에서 중요한 능력 중 하나가 탄탄한 구성력과 내용입니다.

내용이 빈약한 스피치는 청중에게 감동을 줄 수 없습니다.

음식점의 핵심은 맛인 것처럼,

스피치에서 가장 중요한 핵심은 알찬 내용입니다.

좋은 내용은 청중의 마음을 사로잡습니다.

그러므로 스피치의 기본은 원고를 쓰는 훈련에서부터 시작합니다.

문학적 글쓰기 능력과는 다른 것입니다.

문장력이 없어도 스피치를 하는 데에 큰 문제가 되지 않습니다.

따라서 스피치는 학습이고 훈련입니다.

1. 행사 사회 진행 스피치 멘트

"사회자는 그 행사의 품격이다."라는 말이 있다. 사회자의 멘트 능력에 따라 그 행사의 분위기가 결정된다. 청중을 압도하며 진행 능력을 발휘하여 목적을 이루기 위해서는, 먼저 행사의 성격을 잘 파악해야 한다. 특히 오프닝을 철저히 준비하여 이끌어간다. 격식을 차리되 청중들의 마음도 끌 수 있어야 함을 유의하라. 오프닝은 카리스마 있게 시작하는 것이 좋다. 요즘 사회자는 원고만 읽는 것이 아니라, 진행멘트를 암기하여 능숙하게 진행해간다. 날씨, 정보, 에피소드, 명언, 예화, 유머 등을 넣어 자연스럽게 진행한다.

다음 사례를 통해 익히고 연습을 해보자.

◆ 기본적인 오프닝 멘트

여러분, 안녕하십니까?

이 자리에 참석해주신 여러분을 진심으로 환영합니다.

오늘 ○○협회 ○○년도 정기 특허 발표회 사회를 맡은 ○○○입니다.

먼저 바쁘신 데도 불구하고 이 자리에 참석해 자리를 빛내주신 내외 귀빈과 성황을 이루어주신 회원 및 참가자 여러분께 진심으로 감사를 드립니다.

◆ 기본적인 오프닝 스토리텔링 멘트

여러분, 안녕하십니까?

지금부터 평화라이온스 구로지구회 5월 발표회를 시작하겠습니다.

먼저 바쁘신 데도 불구하고 이 자리에 참석해주신 여러분께 진심으로
감사드립니다.

먼저 ○○○ 회장님의 인사 말씀이 있겠습니다.

　기본 진행 틀에 내가 하고 싶은 다양한 에피소드, 명언, 예화, 경험
담 등을 넣어 자연스럽게 스토리텔링으로 전하게 되면, 분명 사람들
은 사회를 잘 본다고 말할 것이다.

　중요한 것은 사회자의 에피소드를 아주 자연스럽게 마치 대화하듯
이 말해 전달하는 것이다.

2. 명언, 에피소드, 사례 - 스토리텔링 스피치

재차 강조하지만 한마디로 "스피치는 기술이다". 그러므로 훈련과 노력이 꼭 필요한 분야다. 다양한 에피소드로 스토리텔링(이야기로 재미있게 말하다)하여 전달하면 감동을 줄 수 있다. 스토리텔링은 단순한 사실 전달이 아니라 다양한 에피소드를 재미있고 설득력 있게 '스토리를 넣어' 전달하는 것이다. 요즘 명강사의 기준이 1시간 강의에 대략 10개 정도의 에피소드를 전달하는 능력을 갖고 있다는 것이다. 즉, 스토리텔링의 스토리를 구성하는 것이 다양한 에피소드다.

주의할 것은 에피소드가 청중들과 공감대를 이룰 수 있어야 한다는 것이다. 그러기 위해서는 전문성 있는 에피소드나 경험담이 좋다. 그때 사람들은 집중하여 듣는다.

안녕하세요.
저는 현재 현대백화점에서 명품 쥬얼리 샵을 운영하고 있습니다.
여러분 12월의 보석이 뭔지 아십니까?
바로 연두빛의 터키석입니다.
터키석의 의미는 바로 성공, 행운, 친근한 관계입니다.
한 해의 마지막 12월입니다.
오늘 이 모임을 통해 서로 친근한 관계를 맺어 성공과 행운을 꼭 얻어 가셨으면 좋겠습니다.

여러분의 힘들었던 이야기, 위기와 역경, 고난을 극복했던 에피소드를 전하면 사람들이 주목하고 감동을 받게 된다. 또 자신의 소신이나 철학이 들어있는 이야기를 좋아한다. 성공한 이야기, 유머, 핫이슈, 시즌성 이야기, 그 외 청중과 공감을 얻을 수 있는 것이면 좋다.

◆ 실전 훈련

> 저는 10년 전, 돈 한 푼 없이 맨손으로 1인 창업을 했어요.

얼마든지 당신도 명언을 넣어 말할 수 있다. 다음의 원리와 방법을 숙지하여 활용해보라. 명언 몇 개 정도면 어느 상황에서든 자연스럽게 말할 수 있게 된다. 스피치의 수준을 높여주게 된다. 특히 명언 스피치는 언행일치의 소통이 필요하다. 그 명언에 맞는 행동이 필요하다. 그 말에 행동이 따르는 사람이 되어야 한다.

명언을 넣는 요령을 보면 명언을 인용할 때 추임새를 넣어 말을 하면 된다. 아주 쉽다. 편안하고 부드러운 시작 추임새만 있으면 누구나 쉽게 될 수 있다.

- "이런 말이 있더라고요…."
- "○○○가 말하기를…."
- "여러분, ○○이 이런 말을 했습니다."
- "〈캔 리더십〉의 저자 정병태는 급변하는 시대 속에서 살아남기 위해서는 3가지의 능력이 필요하다고 말했습니다. 첫째…."
- "여러분, '경영의 123 법칙' 알고 계시죠?"
- "제가 보니, 성공하는 사람들은 두 가지 애愛가 있더라고요."

명언을 넣어 말하는 것이 힘들지만 좋은 인용 문장을 모으고 외워서 활용해보면 금새 인용문을 잘 전달하는 사람이 될 수 있다. 그래서 명언 스토리텔링을 하기 위해서는 평소 책, 신문, 기사, 대화 등에서 기록하는 습관이 되어야 한다. 그리고 실정의 대화나 상담에서 사용해보는 것이다.

여러분 배우 '우디 앨런'이 이런 말을 했습니다.
"한 번도 실패하지 않았던 건 새로운 일을 전혀 시도하지 않았다는 것이다."
여러분, 여러분은 최근에 언제 실패를 해보셨나요?

〈10년 후, 한국〉의 저자 공병호 박사는 급변하는 시대 속에서 살아남기 위해서는 3가지 능력이 필요하다고 말했습니다.

첫째, 커뮤니케이션 능력입니다.

-

-

둘째, 정리 능력입니다.

-

-

셋째, 모방 능력입니다.

-

-

여러분, '경청의 123법칙' 알고 계시죠?

◆ 실전, 연습해보기

① 정병태 작가의 〈캔 리더십〉의 218페이지의 명언들을 숙지하여 1
분 스피치로 발표하는 시간을 갖도록 한다. 명언 한마디가 얼마나
위력적인지 확인할 수 있을 것이다.

② 아래에 명언을 한 주에 5개씩 적고, 읽고 암송하여 실생활에 활용
해 본다.

3. 내빈소개 스피치

사회자는 내빈소개를 자연스럽게 할 수 있어야 한다. 행사에 참석한 내빈을 소개할 때는 정말 신중해야 한다. 또, 내빈과 가장 잘 어울리는 어휘를 택하여 소개한다. 내빈의 직함과 성명을 틀리게 말하면 당사자의 기분이 언짢을 수 있고, 행사의 공신력과 격이 떨어질 수 있다. 반면 내빈소개를 훌륭하게 하면 그 행사의 공신력은 높이 올라간다.

내빈 소개 시에는 호칭이나 직함은 높은 가치로 소개하는 것이 좋다. 또 어느 분을 먼저 소개할지의 순서도 중요하다. 사전에 확실히 인지하여 순서를 파악한다. 내빈 소개 시 내빈의 단체명, 직함, 성함의 순서로 소개하면 격을 높일 수 있다. 예를 들어보겠다.

> "소개해드립니다. 인문학대학원 원장이시며 철학박사이신 정병태 교수님입니다."

또, 지루하지 않도록 소개하는 내빈의 특징과 소중한 의미를 담아 소개한다. 예를 들어보겠다.

> "정병태 교수님은 〈천년을 하루같이〉라는 시집을 출간하여 시인으로도 활동을 하고 계십니다."

4. 사회자 추임새 멘트하기

사회자는 행사 중간중간에 적절한 추임새 멘트로 부드럽고 의미 있는 상황을 만들어준다. 또, 연사가 말하는 내용을 귀 기울여 듣고 핵심을 파악한다. 때론 순발력 있게 간단한 추임새 멘트를 넣는다.

그런데 "네, 좋은 말씀 감사합니다."처럼 평범한 멘트로 끝내는 것은 좋지 않다. 때론 "참 좋은 말씀입니다. 조금 더 말씀해주십시오."처럼 발언자의 말을 거들 수도 있다. 이 역시 예리한 판단력이 중요하다.

만약 연사의 내용이 철저한 시간 관리에 대한 내용이었다면 다음처럼 말해볼 수 있다.

"시간 경영이 아주 중요하다는 말씀이셨습니다.
미리 철저하게 준비하고 계획하면 시간도 단축할 수 있고 전체적인 비용도 줄일 수 있답니다.
여러분, 철저하게 준비해 우리도 시간 경영을 잘 합시다."

"네, 홍길동 회장님께서 시간 경영의 중요성에 대해 말씀해주셨습니다. 정말 공감되는 말씀이십니다.
내용 중에 '미국에서 성공한 수많은 경영자들의 비결을 보니, 하루 24시간을 가장 효과적으로 활용했기에 가능했다고 합니다'.
여러분, 오늘 좋은 강연을 해주신 홍길동 회장님께 다시 한번 큰 박수를 부탁드립니다."

5. 사회 행사 진행 시 점검 및 준비하기

행사 진행 시 예기치 않은 돌발 상황이 일어날 수도 있으므로, 사회자는 사전에 리허설을 하는 것이 좋다. 또, 늦게 오는 귀빈의 성함과 직함도 파악해둔다. 모든 진행이 제시간에 끝나도록 시간 관리를 철저히 한다. 사회 진행자는 모든 상황에 대처할 수 있도록 미리 철저한 준비를 해둬야 한다.

사회 진행 시 필요한 멘트를 써서 큰소리로 연습해본다. 이를 충실히 연습하고 훈련하면 명사회자가 될 수 있다.

- **실전, 사회 행사 진행하기**
  - 모임의 성격을 소개한다.
  - 발표 연사는 3명으로 한다.
  - 연사 스피치는 3분으로 한다.

사회자: 장소:

일자: 년 월 일   단체명: 사색 인문학

발표 주제: 시간 관리의 중요성

시간: 3분

발표자: 5명

◆ 실전, 사회 행사 진행 원고 만들기 (표준 양식 활용)

주제:

서론	
본론	
1	
2	
3	
결론	

6. 에피소드, 명언 등을 넣은 오프닝 스피치

· **사회자 오프닝**

예) "여러분 안녕하십니까?

지금부터 ○○○○○ 정기 월례회를 시작하도록 하겠습니다.

먼저 바쁜 일정에도 불구하고 이 자리에 참석해주신 여러분께 진심으로 감사드립니다.

먼저 홍길동 회장님의 인사 말씀이 있겠습니다."

· **회장님 인사말**

예) "사랑하는 동지 여러분, 안녕하세요.

자신의 인생과 일을 대하는 마음가짐, 즉 작은 태도의 차이가 거인을 만드는 원동력이 됩니다. 태도는 인생을 이끄는 나침반이자 지치지 않고 목표를 향해 움직이게 하는 엔진입니다.

남보다 불리한 조건, 절망적인 상황을 역전시켜 거인으로 성장하려면 태도의 차이가 필요합니다.

여러분은 절망, 난관, 역경을 바라보는 태도의 차이 덕분에 성공하셨기에 이 자리에 참석하실 수 있었을 것입니다."

이하 ~ 끝.

· 사회자 클로징 멘트

예) "오늘 정기 월례회도 작은 긍정적 차이를 갖고 준비하였습니다. 특히 오늘 준비한 세미나를 통해 유익한 지식을 나누고 정보를 교류해 우리 모두가 성공으로 한 단계 도약하는 토대가 되기를 바랍니다."

◆ 사례 보기: 에피소드를 첨가한 스토리텔링 멘트 (사회자)

잠시 후 평화라이온스 제26차 세미나를 시작하도록 하겠습니다.
장내에 계신 회원 여러분들은 착석해주시길 바랍니다.

따스한 4월에 인사드립니다.
평화라이온스 사무총장을 맡고 있는 홍길동입니다.
먼저 이 자리에 참석해주신 외부 인사를 소개하도록 하겠습니다.
서울세일대학교 박길동 총장님께서 참석해주셨습니다.
강동병원 삼당소 소장님께서 참석해주셨습니다.
특별히 수석 ○○○ 회장님과 명예고문 ○○○ 회장님께서도 참석해주셨습니다.
먼저 서울제일대학교 박길동 총장님의 격려사가 있겠습니다.
저는 평화라이온스협회와 굉장히 인연이 깊습니다.

10년 전부터 부산라이온스 봉사 활동 대회와 인연을 맺게 되었습니다. 저의 아내도 그때 라이온스 정식 회원이 되었습니다. 또한 오늘 평화라이온스협회 26차 세미나에서 또 한 번 깊은 인연을 맺게 되어 정말 영광입니다.

6장

스피치 원고 작성법
간단한 스피치 개요 작성하기 10가지

7. 스피치 원고 작성의 흐름도 이해

스피치란 전할 주제에 해당하는 자료를 모으고 해석하여 작성하여 전달하는 것이다. 여기에는 철저하게 반복적인 훈련이 필요하다. 어떻게 작성하느냐에 따라서 전달력에 큰 영향을 미치기 때문이다.

원고 작성의 흐름을 이해하고 원칙을 잘 활용하여 원고를 작성하면 좋은 결과를 얻을 수 있다. 이 작성 과정에서 핵심적인 정리가 이루어져야 전달력도 좋아진다. 사람들은 쉽고 간결하게 해석되는 스피치를 좋아한다. 먼저 원고 작성의 흐름도를 이해하면 원고 작성이 훨씬 어렵지 않게 느껴진다.

◆ 원고 작성 흐름도

[주제, 제목]	→ [관찰, 해석] →	[적용]
서론	본론	결론

· 초고 원고 내용

1	2	3	4	5	6	7

- 많은 자료를 확보하고 수집한다.
- 서론, 본론, 결론 등 구조화되지 않아도 된다.
- 주로 책상에서 이루어진다.

· 실제 스피치 작성 원고

1	2	3

- 초고 내용의 1/3의 핵심 분량만 뽑아서 작성한다.
- 연사가 소화된 핵심 내용만을 작성한다.
- 간결하고 간략하게 작성한다.

8. 서론 본론 결론의 원고 작성

스피치 내용은 서론, 본론, 결론으로 구성할 수 있다. 물론 필요에 따라서는 서론 없이 곧바로 본론으로 시작할 수도 있다. 또 결론 없이 본론에서 마무리할 수 있다. 어떤 틀에 매여 스피치를 작성할 필요는 없다. 다만 일반적으로 스피치 내용 구성은 주제와 화제가 정해지면 된다. 그런데 내용 구성이 부실하면 스피치 시 중언부언하거나 짜임새 있게 전달할 수가 없다. 대신 구성이 산뜻하면 듣는 사람에게 강하게 어필할 수 있다.

그래서 가장 많이 사용하는 서론, 본론, 결론 형식을 갖춘 스피치 구성을 많이 활용하여 전달한다.

◆ 스피치 원고 작성 순서 흐름도

서론	본론, 본문	결론
- 주제, 대지 - 도입부 - 기대감과 흥미를 끌 수 있는 것, 문제 제기	- 한 대지, 3가지 - 관찰, 설명 - 문제 제기를 뒷받침할 수 있는 보조 화제들	- 적용 - 대지 강조 - 자신의 의견, 해결책

9. 스피치 개요서 작성법

스피치 개요서outline란 스피치의 중요 내용을 말한다. 즉 주요 아이디어와 세부 내용의 골자만을 간결하게 적은 미완성 스피치 대본이다.

모든 스피치를 가장 자연스럽고 원활하게 할 수 있는 방법이 바로 이 개요서에 의한 메시지 전달이다. 이는 스피치를 준비하는 과정 혹은 실행하는 과정 모두에서 완성된 대본을 사용하지 않고 개요서 만을 작성한 후, 이에 기초하여 스피치를 연습하고 실행하는 방법이다.

◆ 요점정리의 흐름도

초고 원고 (연구/탐구/수집)	요점정리	전달법

① ② ③ ④ …	→
	 A.
	   a) _____
	   b) _____
	 B.
	   a) _____
	     ①
	     ②
	   b) _____
		→
		 - 완전 무원고
		 - 약간 의존
		 - 많이 의존
		 - 기타

이렇게 개요서만을 가지고 스피치 연습을 하면 자신의 아이디어를 다양하게 표현할 기회를 얻게 된다. 개요서에는 골자만 나오기 때문에 연습할 때마다 표현이 달라질 수밖에 없고 연습을 거듭하다 보면 하나의 골자를 여러 가지로 표현해보게 된다.

10. 요점정리 개요서의 구성

요점정리가 된 개요서는 대본보다 훨씬 간결하며 그 내용들이 일목요연하게 정렬된다. 준비 개요서는 주제, 세부 목적, 핵심 명제, 서론, 본론, 결론, 그리고 관찰, 해석, 적용으로 구성된다.

- 머리 부분에 주제, 세부 목적, 핵심 명제를 따로 적어둔다.
- 각 부분의 조직에 유의하라.
- 번호와 들여쓰기에 일관성을 확보하라.
- 한 번호에는 하나의 아이디어만 적어라.
- 주요 아이디어, 서두 그리고 결말은 모두 완전한 문장으로 표현하는 것이 좋다.

....

1. 감기란 바이러스 감염을 가지고 있다.
    1) 감기란 바이러스성 질환이다.
        ① 감기란 바이러스이다.
        ② 감기란 바이러스 질환이다.
    2) 감기의 증세는 서로 비슷하다.
        ① 콧물이 난다.
            ⓐ 계속적으로 콧물이 난다.
            ⓑ 뚝뚝 떨어진다.
        ② 열이 난다.

◆ 개요서 결론 사례 보기
....

1. 이제 제 이야기를 마무리할 단계가 된 것 같습니다.
2. 지금까지 드린 말씀을 요약하면,
    1) 동성동본 금혼규정은 …
    2) 이에 대한 대안으로 일정 촌수 내의 결혼을 금하는 규정을
3. 따라서 저는 금혼법 자체의 완전한 폐지를 주창하는 바입니다.
4. 제 주장이 받아들여지는 날 우리의 힘겨워하는 연인들은 즐거워
하는 여인들이 될 것입니다.

11. 실행 개요서 작성하기

　실행 개요서란 실전에서 스피치를 실행할 때 참고로 하기 위해서 작성하는 준비 개요서의 요약본이다. 스피치를 할 때는 준비 개요서가 너무 방대해서 참고하기 어려우므로 내용을 기억하는 데 도움이 되는 중요한 단어나 문구를 중심으로 실행 개요서를 작성할 필요가 있다.
　실행 개요서 작성 시 주의사항은 아래와 같다.

- 준비 개요서의 번호체계를 그대로 사용하라.
- 읽기 쉽고 눈에 띄도록 만들라.
- 내용뿐 아니라 실행 시 주의사항도 적어두면 좋다.
- 주요 통계나 인용문 등은 적어두라.
- 용지는 손에 쥐기가 적당한 크기로 사용하라.
- 다양한 기호나 표시를 사용한다.

　개요서로 옮겨 작성할 내용은 논리적이고 체계적이어야 하며, 아주 객관적이고 보편타당해야 한다. 그리고 스피치할 때 쉽고 명확하게 눈에 띄게 하기 위해서 다음과 같이 한다.

- 강조한 부분은 굵게 써넣도록 한다.

- 번호에 체계를 잡아 순서대로 진행되도록 한다.
- 중요한 사항 또는 특별한 내용 등에는 특수한 표시를 해둔다.

  예) ◆→☞※
- 컬러펜이나 형광펜을 사용한다.
- 등호 표시와 여백, 박스 등을 활용한다.

또한, 최대한 창의적이고 독창적인 내용으로 전달할 수 있도록 해야한다. 더 나아가서 스피치 작성이 가능하면 구체적으로 작성할 것을 권한다. 가장 중요한 것은 쉽게 작성되어야 한다.

· **실제 준비과정 흐름도**

	(초고)			(준비된 개요서)
주제	→ 연구, 자료	→	내용 정리	→ 요점정리

- 개요서 작성 전에 충분한 사전 조사를 하고 배열한다.
- 개요서 작성 전 원고를 구어체로 작성한다.
- 서론 본론 결론 중요한 키워드만 기록한다.
- 연습은 완성된 개요서를 보고 한다.
- 결코 많은 것을 담으려고 하지 않는다.
- 핵심적인 수치, 통계, 사람 이름, 연도 등은 꼭 적는다.

12. 실행 개요서 작성사례 보기

다음은 실전 훈련에 앞서 내용 구성의 구체적인 개요서의 예시다.
아주 일반적인 개요서의 예이므로 이와 같은 형태를 갖추는 훈련을
해두는 것이 좋다. 메시지는 준비된 원고 그대로 전달됨을 기억하라.

---

1. 개요 summary: **도입 부분** 전체

"오늘 말씀드릴 것은 세 가지가 있습니다."
우선, 첫째는,
두 번째는,
셋째는, ······입니다.

2. 본론 detail: **상세**

첫 번째 ······을 설명하겠습니다.
다음으로 두 번째 ······을 설명하겠습니다.
끝으로 세 번째 ······ 설명하겠습니다.

3. 정리: 결론 부분

이상으로
첫째는 ~이 ······라는 것이다.
둘째는 ~이 ······라는 것이다.
셋째는 ~이 ······라는 것.

세 가지 사항에 대하여 말씀드렸습니다.

---

13. 스피치 원고 작성에 관한 규칙 5가지

① 충분한 시간을 가지고 작성한다.

급하게 작성한 자료는 오류와 문제가 있게 마련이다.

② 자료를 만든 후 반드시 여러 차례 오탈자가 없는지 확인한다.

이상이 없다고 판단할 때까지 여러 번 확인한다.

③ 글자만으로 구성된 자료는 싫증을 느끼게 하므로, 적절한 그림

이나 도표, 그래프 등을 첨가한다.

④ 전문용어는 설명해주고 내용은 일관성을 가져야 한다.

페이지 번호를 넣어라.

⑤ 완성시킨 후 반드시 연습을 해봐야 한다.

오탈자를 발견하고, 보다 부드러운 전달과 진행이 가능하도록

만든다.

14. 서론 스피치 사례 보기

연설이나 강연 등의 대중 스피치 기술을 쉽게 익히는 첫 번째 방법
은 서론 스피치에 능숙해지는 것이다.

사랑하는 회원 여러분,
(여러분,)
(CEO 여러분,)
(친애하는 동료 그리고 원우 여러분,)
(존경하는 수석 회장님, 사무총장님, 그리고
운영 회장님, 오늘 행사를 준비해 주신 실문
간사님,)

- 좋은 목소리란 확신이 들어가 있어야 한다.

- 작은 일자인 톤은 단조롭고, 밋밋하다.

- 목소리에 가식이 있어서는 안 된다.

- 목소리에 자기만의 색깔을 가져라.

**100년 전 우리 선배들은 이곳에 새로운 학
교를 세웠습니다.**
(지난 3년 동안 우리 회사는 마산산업단지에
제2공장을 세웠습니다.)
(50년 전, 용감한 군인들이 전쟁에서 승리하
기 위하여 38선에 철조망을 설치하였습니다.)
(20년 전에 전두환 대통령이 광주를 방문하
여 시청에서 시민들을 향해 총을 발표하였
습니다.)
(지난 금요일 저녁 교수님께 새 과정을 구성
하라는 지시를 받았습니다.)

	정치와 대통령에 관해서는 할 이야기가 많아서 다 이야기 하자면 시간이 많이 걸릴 것입니다. (모든 혁명에서 가장 중요한 문제는 누가 뭐래도 국가 권력의 문제입니다.) (오늘 밤 저는 한 사람의 동료 이사로서, 그리고 적어도 우리가 처한 어려운 상황을 걱정하는 한 동료로서 말씀드리고자 합니다.)
- 자신감을 넣어 당당하게 말한다.	**저는 삼성과 현대 사이의 비즈니스 경계를 다음과 같이 최종 확정했습니다.** (저는 한 가지 사실을 여러분에게 말할 수 있어서 특히 기쁘게 생각합니다.) (저는 미술심리학 전공자이며, 홍길동 선생님과 함께 여러 해 동안 서울학교에서 일했습니다.) (저는 그 어떤 형태로든 결코 공산주의자가 아닙니다.) (오늘날 평화를 파괴하는 가장 강력한 주범은 바로 낙태입니다.) **고대 그리스어에 이런 말이 있습니다.** **"여자는 가정이고 가정은 사회의 기반이다."** (스티븐 스필버그는 1989년 한 인터뷰에서 이렇게 말을 했습니다. "나는 열두 살 때 영화감독이 되기로 마음먹었다.")

(스티븐 스필버그는 1989년 한 인터뷰에서 이렇게 말을 했습니다. "나는 열두 살 때 영화감독이 되기로 마음먹었다.")
(빌 게이츠에게 물었습니다. 어떻게 세계 컴퓨터 산업을 지배할 수 있었는가? "나는 10대 시절부터 세계의 모든 가정에 컴퓨터가 한 대씩 설치되는 것을 꿈꾸었다.")

저물어가는 삶의 황혼에서 원한도, 침통함도 없이 다만 한 가지 목적을 마음에 두고 여러분 앞에 섰습니다. 제 조국에 봉사한다는 목적입니다.
(저는 그 어떤 형태로든 결코 인종차별주의자가 아닙니다. 그 어떤 인종차별주의도 신봉하지 않습니다. 그 어떤 차별이나 인종분리도 신봉하지 않습니다. 다만 하나님만을 신봉할 뿐입니다.)

- 흥미로운 질문이나 예화를 던져 이목을 집중시킨다.

백화점에 가면 없는 것이 있는데, 3가지가 없다고 합니다. '혹 백화점에도 없는 것이 있을까?' 의문을 갖는 분도 있겠지만···,
첫째, 창문이 없다고 합니다.
밖가 세상과 차단시켜 오직 물건에만 사는 일에 집중하기 위함입니다. 창문이 있다면 비나 눈이 오게 되면, 집에 걸어 놓은 빨래 걱정, 돌아올 자녀 걱정으로 제대로 쇼핑을 할 수 없기 때문이지요.

두 번째, 시계가 없다고 합니다.

시간을 몰라야 여러 곳을 다니면서 마음껏 쇼핑을 하도록 하기 위한 것입니다.

세 번째는, 1층엔 화장실이 없다고 합니다.

그 이유는, 한 계층이라도 더 백화점을 돌아 보게 하려는 의도라고 합니다.

한 번은 기자가 한국에 방문한 **마더 데레사 수녀님에게 물었습니다.**

"수녀님의 건강비결(87세)은 무엇입니까?"

수녀님은 그 질문에 서슴없이 다음과 같이 대답했습니다.

"예, 저의 건강 비결은 매일 4시간씩 기도하는 것입니다."

15. 행사 스피치 사례 보기

- 행사의 경우 사회자의 역할이 정말 중요하다. 사회자가 어떻게 사회를 보느냐에 따라 전체적인 분위기가 바뀐다.

- 사회자는 원고를 보기 위해 너무 머리를 숙이기보다는 앞의 청중과 눈을 맞추며 대화체로 진행해야 한다.

- 원고를 보더라도 중간중간 고개를 들어 청중과 눈을 맞춘다.

- 오프닝은 정말 중요하다. 이때 목소리는 친근감 있고 따뜻하게 해야 한다.

- 모든 멘트는 부드럽게 말한다. 친근감과 친밀감을 형성한다.

- 쉬운 에피소드를 가지고 말한다.

안녕하세요.

새해 첫 번째 모임에 인사드립니다.

오늘 행사 진행을 맡은 홍길동입니다.

반갑습니다. (인사)

오늘 정말 많은 분들이 참석해주셨습니다.

정말 감사합니다.

안녕하세요~ 반갑습니다!

여러분 큰 박수로 회장님을 맞이해주십시오!

자, 그럼 지금부터 행사를 시작하도록 하겠습니다.

▶ 쉬운 에피소드로 말하기

16. 프레젠테이션 스피치 사례 보기

- 요즘에는 회사와 교육
  현장에서 프레젠테이
  션 능력을 중요시한다.

- 프레젠테이션 역시 자
  신감 있는 목소리가
  중요하다. 또한 말하
  는 속도가 중요하다.

- 말하는 속도가 느리면
  지루하고 빠르면 이해
  하기가 힘들다. 여유
  를 갖고 말한다.

- 동그란 목소리를 기본
  으로 전한다.

- 어려운 단어가 많이 나
  올수록 쉼을 갖고 천
  천히 말한다.

- 다양한 프레젠테이션
  을 발표한다.

안녕하세요.

오늘 프레젠테이션을 맡은 홍길동입니다. 지
금부터 서울전자 연구소의 신의료기 개발에
관한 사례발표를 시작하도록 하겠습니다.

현재 우리는 건강에 관심이 많은 시대에 살
고 있습니다. 하지만 건강에 대해 연구할 수
있는 의료기 기구가 부족한 현실입니다.

▶ **실전 프레젠테이션 발표하기**

4 부

목소리에
컬러를 입혀라!
- 파워목소리 발성법 17가지

1. 사람들이 좋아하는 목소리 6가지

말의 높낮이가 없이 밋밋하게 흘러서는 청중의 주목을 끌지 못한다. 이런 밋밋한 스피치를 살려줄 수 있는 것이 목소리의 변화이다. 그래서 끌리는 목소리를 만드는 훈련법으로 발음이 명확하고 힘 있고 자신감 넘치는 목소리이다. 즉 신뢰감을 주는 목소리를 좋아한다. 그래서 사람들이 좋아하는 목소리란 나만의 개성과 색깔을 입혀 울림이 있는 음색과 톤을 갖고 있다. 여기서 톤, 발음, 말투가 차지하는 비중은 매우 크다. 꾸준히 훈련을 통해 프로페셔널하고 성공을 부르는 호감형 목소리를 가질 수 있다.

· **프로페셔널 목소리 3가지**
   ① 안정적이고 단정한 목소리
   ② 또렷한 발음의 목소리
   ③ 명료하게 들리는 특유의 억양과 어투의 목소리

성공한 사람들의 특징은 목소리가 좋다. 목소리만으로도 매력적이고 윤기 있고 깊이 있는 목소리를 갖고 있다. 좋은 목소리는 훈련을 통해 얼마든지 개선되고 교정될 수 있다. 그러므로 전달력과 설득력의 효과를 볼 수 있다. 사람의 입에서 나오는 소리의 억양은 3가지이다.

그런데 그 사람의 말투에 따라 결과는 너무도 다른 결과를 얻는다.

음의 높낮이에 변화를 주며 중요한 부분을 강조하여 말한다.

· 둥근 억양의 목소리 3가지

① 날카로운 목소리 = 어미가 올라간다.

② 밋밋하고 단조로운 목소리 = 일자형 말

③ 동그란 목소리 = 동그랗게 굴려서 하는 말

한 호흡으로 둥근 억양을 적용해서 글을 읽으면 둥근 억양의 스피치를 하게 된다. 동그랗게 부드러운 목소리를 연출하는 것이 가장 좋은 목소리 훈련법이다.

2. 압도하는 목소리를 키우는 비법 10가지

압도하는 매력적인 목소리 능력을 갖추려면 반드시 다음의 요소를 갖추어야 한다. 우선 나만의 리듬감과 강약고저의 능력을 갖춘 스피치를 구사할 수 있어야 한다. 연설을 할 때 원고의 내용에 따라 느낌을 강조하는 것은 아주 중요하다.

다음의 **스피치의 기본 4가지 원칙**과 **목소리 6요소**를 갖추기 위해 부단히 연습하고 훈련해야 한다. 빠름과 느림을 적절하게 사용하고 높임, 낮춤, 늘임, 포인트, 멈춤 강조 등 다양한 목소리를 활용해야 귀에 쏙 들어오게 된다.

· 스피치의 기본 4가지 원칙

① 천천히　　　② 큰 목소리

③ 또박또박　　③ 자연스럽게

· 목소리의 6요소

① 빠르기　　　② 크기　　　③ 높이

④ 길이　　　　⑤ 쉬기　　　⑥ 힘주기

목소리는 그 사람의 내면적 인격, 성격, 지성 등이 밖으로 드러내는 이미지와 같다. 특히 목소리를 만들어 내는 호흡, 발성, 발음 등을 차근차근 훈련해 나아가야 한다. 그래야 압도할 수 있고 윤기 있는 목소리를 만들 수 있다.

3. 오행五行 원리 목소리 훈련하기

몸에서 나오는 목소리는 그 사람의 건강 상태를 체크 할 수 있는 청진기로서 건강한 몸에서 좋은 목소리가 나온다. 그래서 소리에는 '오음'이 있는데, 오음은 신체의 5장 6부와 관계가 있다. 이것을 한의학에서 '오행五行 원리'라고 말한다.

다음의 각 음을 20초 이상 끌어주면 건강한 5장 6부의 기능을 갖고 있는 것이다. 오행 원리를 꾸준히 훈련함으로써 울림이 있는 호흡법과 발성법을 갖출 수 있다.

· 복식 호흡법을 만드는 오행五行 원리

아~ = 폐,   음~ = 비장,   이~ = 심장

어~ = 간,   우~ = 신장

오음五陰을 내는 훈련을 통해 건강한 목소리, 맑고 힘이 있으며 울림이 있는 목소리를 낼 수 있다. 특히 깊이 있고 울림이 있는 복식호흡법으로 말하게 된다.

- 훈련 1: '도레미파솔라시도' 순차적으로 올라가기

  "아~~~~"

- 훈련 2: '도레미파솔라시도' 반대로 내려오기

  "아~~~~"

- 훈련 3: 파도타기

  "음~~~~"

4. 복식호흡법으로 말하기

노래를 부를 때 복식호흡을 하는 가장 중요한 이유는 노래 속 감정 표현 때문이다. 소리의 발생은 먼저 숨을 들이마시는 것에서 시작된다. 몸 안에 들어온 공기는 폐에 저장된다. 폐에 저장된 공기는 성대를 지나면서 목구멍, 입안, 얼굴 안쪽의 빈 공간을 거치며 소리를 만든다. 여기서 나만의 음색으로 바뀐다. 이때 복식호흡을 하면, 우리가 평상시 하는 흉식 호흡보다 많은 양의 공기가 들어오고 나간다.

누구든 발성 트레이닝으로 발음, 속도, 억양을 활용해 전달력을 높일 수 있다. 목소리의 크기, 깊이, 울림, 톤, 발음, 억양, 감정이입의 정도를 훈련한다. 목소리는 청중의 집중도를 높이고 스피치에 대한 기대감을 만든다.

· 복식호흡 이해하기

복식호흡은 폐활량과 몸의 에너지를 활용해 들이마신 공기를 폐 아래쪽으로 보내며 깊게 숨을 쉬는 것이다. 이때 어깨는 올라가고 가슴은 부풀어 오르며 배는 쏙 들어간다. 반대로 내쉬면 가슴과 어깨는 내려오고 배는 툭 나오게 된다.

공기를 최대한 폐 깊숙한 곳까지 밀어 넣는다는 느낌으로 숨을 들이마시면, 가슴과 배를 가르는 횡격막(가슴과 배를 구분하는 근육)이 아래로 내려가면서 배가 앞으로 나온다. (횡격막 호흡) 횡격막을 사용하면서 배가 부풀었다가 줄어들기를 반복한다. 이렇듯 많은 공기가 발성기관을 통과할 때 훨씬 풍성하고 울림 있는 소리를 만든다. 또한 편안한 소리와 리듬감을 주어 말할 수 있다.

◆ 복식호흡법 들이마시기, 내쉬기 연습하기

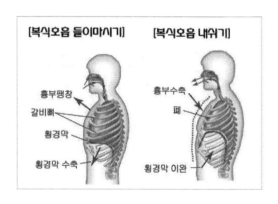

5. 실전, 복식호흡 훈련하기

좋은 목소리를 내는 데 갖춰야 할 첫 번째 조건은 바른 자세가 필요하다. 바른 자세에서 좋은 목소리로 말을 할 수 있다. 몸을 흔드는 자세, 몸을 꼰 자세, 자신감이 없는 자세, 구부정한 자세, 등이 굽고 거북목에서는 딱딱하고 얕은 목소리가 나온다. 반면 좋은 자세는 먼저 어깨와 가슴을 반듯하게 펴고 시선은 정면을 바라본다. 서 있을 시 다리는 어깨너비만큼 벌려 선 자제가 좋다. 앉아 있을 시 목은 위로 쭉 당기고 되도록 턱을 당겨준다.

바른 자세는 보기에도 좋을 뿐만 아니라 충분한 호흡과 올바른 발성을 가능케 해준다.

· 먼 곳까지 전달해보기

먼저 많은 양의 공기를 들이마신 후, 폐에 가득 찬 공기가 말을 시작하자마자 한꺼번에 확 나오지 않고 말을 하는 동안 조금씩 나오도록 컨트롤할 수 있다.

> "여러분, 안녕하십니까? 저는 개인연금과 금융상담 전문가 정병태 실장입니다.
> 오늘 여러분을 뵙게 된 것은 제 생애 최고의 영광입니다. 이유는 ···."

먼저 어깨와 가슴을 반듯하게 펴고 다리를 어깨너비만큼 벌려 편안하게 선다.

① 몸 안의 호흡을 입으로 '후' 하며 완전히 내뱉는다.
② 5초 들이마시고, 5초간 내쉰다.
　이때 숨을 들이마실 때 반드시 코로만 천천히 들이마신다. 내쉴 때는 입과 코로 내쉬어도 상관없다.
③ 이렇게 5회를 반복한다.
　입을 살짝 벌린 후 입과 코를 이용하여(80:20) 빠르게 숨을 들이마시고 내쉰다.

· **실전 훈련 요령**
① 5초간 들이마시고, 5초간 내쉰다.
　(1, 2, 3, 4, 5　　- 5, 4, 3, 2, 1)
② 5초간 들이마시고, 5초간 내쉰다.
　(1, 2, 3, 4, 5　　- 5, 4, 3, 2, 1)
③ 5초간 들이마시고, 5초간 내쉰다.
　(1, 2, 3, 4, 5　　- 5, 4, 3, 2, 1)
④ 5초간 들이마시고, 5초간 내쉰다.
　(1, 2, 3, 4, 5　　- 5, 4, 3, 2, 1)
⑤ 5초간 들이마시고, 5초간 내쉰다.
　(1, 2, 3, 4, 5　　- 5, 4, 3, 2, 1)

6. 복식호흡법 스피치 훈련

보통 소리는 공기가 올라와서 후드를 지나가면서 닫혀 있는 성대를 진동시켜 소리를 낸다. 일반적으로 남자의 경우는 성대가 1초에 120~150회, 여자는 220~250회 떨림을 유지한다. 공명울림은 이 5곳에서 이루어진다. 일반적인 스피치는 복식호흡법을 쓰면 더 좋다. 배에 힘주어 내는 소리로서 복식호흡법으로 말하는 것이다.

· 복식호흡법 훈련법 5가지

① '아~, 오~, 이~, 에~, 우~' 떨림이 있을 때, 공명한 '아~' 소리를 낼 수 있다.

② 배에 힘을 주거나 배를 접고 몸은 구부리고 책을 크게 읽는다.

③ 웃으며 말하기, 웃으면서 말을 하면 호흡이 길어진다.

④ 큰 소리 내기, 예를 들어 "나는 할 수 있다" "스피치에 강한 사람이 성공한다."

⑤ 목소리에 공명울림이 있게 하기 위해서는, 음에 맞게 입의 모양을 하고 입을 크게 벌린다. 아치형으로 말이다.

· 복식호흡법으로 소리 내기: 한 숨으로 읽기

긴 호흡은 숨을 크게 들이마시고 일정한 크기로 호흡을 내보내는 것이다.

① 5초 들이마시고: 안~~녕~~하~~십~~까~~~

② 숨 들이마시고: 안녕하십니까? 저는 경영학과 정병태 교수입니다. (숨을 내쉰다.)

③ 숨 들이마시고: 안녕하십니까? 저는 경영학과 정병태 교수입니다. 저의 중요 과목은 인공지능과 디지털 마케팅 분야입니다. (숨을 내쉰다.)

7. 공명한 키톤key Tone 목소리 만들기

공명한 소리는 배에서 출발한 호흡이 폐에서 나온 공기가 성대를 진동해 생기는 울림의 소리이다. 이는 이완 상태에서 가능하다. 공기의 흐름과 진동으로 성대, 후두개, 구강, 비강의 변화를 주어 소리를 만들어 내는 것이다. 발성 구조를 통해 최적의 공명한 목소리 톤, 가장 자연스러운 자기 목소리를 낼 수 있다. 울림이 있는 공명한 소리는 명확하게 멀리까지 전달된다.

· 공명한 키톤key Tone 구조 이해하기

들숨: 코로 들어 마신다.

날숨: 천천히 뱉는다.

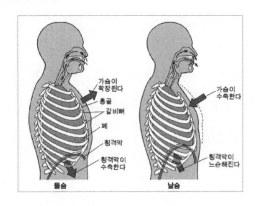

· 울림이 있는 발성법 훈련

정면을 바라보고 자세를 편안하게 세우고 배 명치에 가볍게 힘을 주어 '음~' 소리를 낸다. 목소리를 둥글게 모아주어 소리를 낸다. 비강과 구강, 두 공간을 사용하여 나오는 소리가 바로 메아리 발성이다.

"음 ~~~~~~~~~~~~~~~~~~."

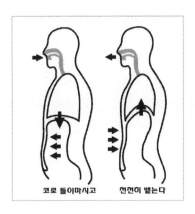

◆ 공명한 목소리 훈련하기

히~ 히~ 히~: 앞니와 앞니를 덮고 있는 인중 부분이 진동한다.

허~ 허~ 허~: 입안에서 둥글게 진동한다.

하~ 하~ 하~: 가슴 전체가 진동한다.

음~ 음~ 음~: 코와 입 주변에 공명음이 생긴다.

음~~

음~~ 마~~

음~~ 마~~ 미~~

음~~ 마~~ 미~~ 모~~

음~~ 마~~ 미~~ 모~~ 무~~ 메~~

음~~ 마~~ 미~~ 모~~ 무~~ 메~~ 허~~

아~~

바~~

안~ 녕~ 하~ 세~ 요~

반~ 갑~ 습~ 니~ 다~

내 몸에 딱 맞는 키톤key Tone을 찾아낸다. 마치 자신의 발에 맞는 신발 사이즈가 있듯이 말이다. 이것을 키톤이라고 말한다. 이 공명한 목소리는 편안함과 신뢰감을 주며 자연스러운 목소리를 만들어낸다.

8. 좋은 발음 발성 연습하기

좋은 발음 발성 연습은 꾸준히 하는 것이 중요하다. 먼저 입 모양을 크게 벌린다. 입 모양을 통해 올바른 발음을 할 수 있다. 그 음가에 맞게 입 모양이 달라져야 한다. 입을 크게 벌리지 않고 말을 하면 알아들을 수 없다.

자음과 모음에 대한 이해와 정확한 발음을 하기 위해 가장 기초적인 소리 내어 읽는 연습을 꾸준히 해준다.

· **실전 훈련: 〈발음 연습〉**

- 아, 에, 이, 오, 우
- 아으, 오아아으, 오오이으
- 안녕하세요.
- 아으이, 이아, 여으으
- 가, 나, 다, 라, 마, 바
- 오애, 우이이, 아으애야

· **다소 어려운 발음, 단모음과 이중모음, 받침발음**

- ㅑ, ㅒ, ㅕ, ㅖ, ㅘ, ㅙ, ㅛ, ㅝ, ㅞ, ㅠ, ㅢ
- ㅏ, ㅐ, ㅓ, ㅔ, ㅗ, ㅚ, ㅜ, ㅟ, ㅡ, ㅣ

- ㅚ, ㅟ

- ㅑ = ㅣ + ㅏ   <u>예)</u> 야구, 양, 야호

- ㅕ = ㅣ + ㅓ   <u>예)</u> 여자, 여름, 겨울

- ㅛ = ㅣ + ㅗ   <u>예)</u> 요리사, 교실, 학교

- ㅠ = ㅣ + ㅜ   <u>예)</u> 유치원, 법률, 갑각류

- ㅖ = ㅣ + ㅔ   <u>예)</u> 장례식, 예식장, 예절

- ㅒ = ㅣ + ㅐ   <u>예)</u> 얘기

- ㅙ = ㅗ + ㅐ   <u>예)</u> 왜냐하면, 왜가리, 왜바람

- ㅞ = ㅜ + ㅔ   <u>예)</u> 웨이터, 웨딩

- ㅘ = ㅗ + ㅏ   <u>예)</u> 과학, 전화, 문화

- ㅝ = ㅜ + ㅓ   <u>예)</u> 월요일, 입원, 원장

- ㅢ = ㅡ + ㅣ   <u>예)</u> 의미, 의복, 의식

· 좋은 발음 연습법

1단계 – 정확한 발음을 위한 입 근육 스트레칭 준비 운동

① 양손을 펴서 볼을 동그라미를 그리며 문지르기

② 볼에 바람을 넣어 빵빵하게 만들어 부풀리기

③ '푸르르르' 3회 하고 입술 털기

④ 입술을 모아 시계 방향으로 돌리고, 반시계 방향으로 돌리기

⑤ '아에이오우'를 자극이 느껴질 만큼 최대한 입을 크게 벌려 발

음하기

⑥ 가로, 세로 입 근육 운동

'으아' – '아으' / '오아' – '아오'

'어으' – '으어' / '오어' – '어오'

· **좋은 목소리를 갖기 위한 3가지 요소**

① 정확한 발음

② 풍부한 발성

③ 긴 호흡

9. 가장 좋은 목소리를 내는 훈련법

사람이 내는 소리는 크게 3가지로 구분하는데, 먼저 목에서 소리를 내는 호흡으로 첫 번째는 아주 약한 호흡을 내는 목소리이다. 두 번째는 흉식 호흡법으로 가슴에서 호흡을 하는 것이다. 세 번째는 가장 중요한 복식호흡법으로 배_{단전} 밑에서부터 호흡을 한다. 흔히 단전호흡이라고도 말한다.

· 호흡의 종류 3가지

① 목의 소리

② 가슴의 소리

③ 배(복식)의 소리

가장 좋은 목소리는 어미가 동그란 목소리이다. 어미가 올라가거나 밋밋한 일자형은 청중을 주목시킬 수 없다. 또 올라가면 날카롭고 일자로 말하면 지루하다, 그러나 배의 호흡으로 내는 동그란 목소리는 편안하고 안정감을 준다. 그러므로 평상시 동근 억양 훈련법을 해야 한다.

◆ 동그란 목소리 훈련하기

나는 어제/ 파고다 음식점에서/ 라면을/ 맛있게/ 먹었습니다.
정부는/ 올 하반기 경제전망에서/ 부동산시장이
하향 안정세를 유지할/ 것으로/ 전망했습니다.
기발한 아이디어는/ 어린아이와 같은
순진무구한 질문에서 나온다.

예)

· 낮추어 말하는 강조법

문장에서 중요하다고 생각하는 부분어미을 낮추어 말한다.

예)　나는

어제/ 파고다 음식점에서/

라면을/ 맛있게/

먹었습니다.

· 늘여서 말하는 강조법

문장에서 부사나 형용사 등 꾸밈말을 늘여주면 더 생생하게 표현할
수 있다. 늘임 강조의 앞 단어는 높임 강조를 활용하면 더 효과적이다.

예)　　　　　　　　라면을/ 맛있게/ 먹었습니다.

파고다 음식점에서/

나는 어제/

· 임팩트 강조법

중요한 부분을 더 중요하게 만드는 강조법이다. 이때 음절을 강조해
주는 것도 좋고, 음가를 하나하나 끊어서 강조하는 것도 좋다. 또 멈
춤 강조를 통해서도 강조시킬 수 있다.

예) 나는 어제/ 파/고/다/ 음/식/점/에/서/

라/면/을, 맛/있/게,

먹었습니다.

10. 기본모음 '아, 에, 이, 오, 우' 발성 훈련하기

기본모음 '아, 에, 이, 오, 우' 경우 입 모양은 크게, 혀 위치는 낮게, 첫음절에는 악센트를 준다. 끌리는 공명한 목소리는 후두 안에 있는 성대의 울림을 통해 발현된다. 성대는 열렸다 닫혔다를 반복하며 울림을 만들어 낸다. 이처럼 좋은 목소리를 내기 위해서는 많은 기관의 도움을 받아야 한다.

일단 입 모양을 크게 해 발음이 소리에 묻히지 않도록 해야 한다. 이때 발음을 정확하게 하기 위해서는 먼저 입을 크게 벌리기이다.

우리말에는 모음이 총 21개가 있는데, 단모음 10개, 복모음 11개로 이루어져 있다. 기본모음은 '아 에 이 오 우'이다. 우선 기본모음의 발성을 낼 수 있어야 한다.

· 입 모양을 크고 정확하게 벌리기

안면근육 풀어주기

→ 아 에 이 오 우

◆ 공명을 일으키는 모음 훈련 예

이여아 유아 유여아 이으 야우으 오요아 아아이 어여
으 이오 이으이 어여이 여애이 아이 여어으 오아아
우에 여에에 우여외으 아오아 오아이 아애애으이아.

기형아 유발 우려가 있는 약물을 복용한 사람이 헌혈을 하고, 이들이
헌혈한 혈액이 가임 여성을 포함한 수백 명에게 수혈되는 사고가 또다
시 발생했습니다.

11. 기본 발성 훈련하기

· 기본 발성 훈련

입을 크게 벌리고 정확한 발음을 내는 기본 발성 훈련을 한다.

발음을 뚝뚝 끊어서 내뱉는다.

목에 힘을 주지 않고 자연스럽게 음을 낸다.

- "아, 에, 이, 오, 우"

  "가, 나, 다, 라, 마, 바, 사, 아, 자, 차, 카, 타, 파, 하"

- ㄱ + ㅏ = 가

  ㄴ + ㅏ = 나

- ㅏ, ㅕ, ㅏ, ㅔ, ㅛ

  안 녕 하 세 요.

· 파도 발성법

마치 파도가 치는 것처럼 음의 높낮이를 부드럽게 위 아래로 움직여서 목소리를 변화시키며 훈련한다. 정면을 바라보고는,

예)   아~~~   아~~~~~~
      아~~   아~~~~   아~~~~
  아~~~   아~~~~

◆ 혼동하기 쉬운 모음

아기, 이마, 바지, 사다리, 다리미/

오리, 수영, 오빠, 우유, 노루/

야구, 야외, 여우, 겨울, 요리, 효도, 유리창, 유치원/

덕, 득, 털, 틀, 걸, 글/

개, 게/ 배, 베/ 새, 세/ 모래, 모레/ 남매, 메주/ 셈, 샘/재발, 제발/

내가, 네가

(애는 에보다 입 모양이 크다.)

에누리, 누에/ 예절, 무예/ 예, 얘/

과학, 과자, 원두막, 화단, 권투, 뭐든지, 원수, 사과해/

우레, 가위, 위치, 기회, 외나무, 두뇌, 두더쥐/

외마디, 돼지/ 외삼촌, 왜/ 외국, 왜곡/ 쇠고기, 왜가리/

(외의 경우 웨로 발음한다.)

◆ 소리, 받침, 변화, 구개음화시 발음

담력 [담녁], 정리 [정니], 난로 [날로], 닫는 [단는], 줄넘기 [줄럼끼], 왕릉 [왕능], 돌립 [동닙], 칼날 [칼랄], 입는 [임는], 젖먹이 [전머기], 광한루 [광할루], 동래 [동내], 대관령 [대괄령], 왕십리 [왕심니], 생산량 [생산냥], 이원론 [이원논], 결단력 [결딴녁], 상견례 [상견네], 옷맵시 [온맵씨], 함박눈 [함방눈], 굳이 [구지], 맏이 [마지], 미닫이 [미다지], 같이 [가치], 해돋이 [해도지], 샅샅이 [산사치], 낯 [낟], 숲 [숩], 닭 [닥]

12. 어려운 단어와 문장 발음 훈련하기

어려운 단어와 문장을 발음 연습으로 보다 좋은 목소리를 가질 수 있다. 꾸준히 하루 10분씩 아래의 어려운 단어와 문장을 발음 연습한다. 곧 힘없고 어눌했던 발음이 공명하고 명확하게 발음된다.

◆ 발음 연습
. . . .

얄리얄리 얄라셩 얄라리 얄라
머루랑 다래랑 먹고 청산에 사리라 얄라리얄라

간장공장 공장장은 강 공장장이고
된장공장 공장장은 장 공장장이다.

작년에 온 솥 장수는 새 솥 장수고
금년에 온 솥 장수는 헌 솥 장수다.

앞집에 있는 말뚝이 말 맬 말뚝이냐 말 못 맬 말뚝이냐

한국관광공사 곽진관 관광과장

강낭콩 옆 빈 콩깍지는 완두콩 깐 빈 콩깍지이고 완두콩 옆 빈 콩깍지는 강낭콩 깐 빈 콩깍지이다.

재석이네 앞집팥죽은 붉은 팥 풋 팥죽이고 뒷집 콩죽은 햇콩 단콩 콩죽이다.

춘천 공장창 창장은 편 창장이고, 편촌 공장창 창장은 황창장입니다.

저기 저 미트소시지 소스스파게티는 크림소시지 소스스테이크보다 비싸다.

앞집 꽃집은 장미꽃 꽃집이고 옆집 꽃꽂이 집은 튤립꽃 꽃꽂이 집이다.

닭 발바닥은 싸움닭 발바닥이 제일 크고 밤 발바닥은 쌍 밤 발바닥이 제일 크다.

대한관광, 대한관광공사, 대한관광공사 공무원

13. 말의 마디를 끊어서 읽기

목소리를 잘 들리게 하기 위해서는 필요한 곳마다 말의 마디를 끊어서 쉬고 띄어 읽어야 한다. 즉, 말의 마디를 끊어 읽는 훈련을 한다. 이야기의 문맥에 따라 적당한 곳에서 쉬어 읽어주며, 호흡을 쉬고 들이마신다.

- " . "는 1초의 쉼

- " , "는 2초의 쉼

- " ? "는 2-3초의 쉼

- " / "는 1초의 쉼

- " // "는 2초 정도를 쉬고 난 다음에 글을 읽는다.

또한 느낌으로 끊고 쉼을 준다. 앞뒤 단어를 파악하여 끊고 쉼을 갖는다. 여기에 전환어, 연결사, 부사, 강조어 등도 쉼을 주어 읽는다.

◆ 훈련 문구
....

여러분, 한마디의 긍정적인 단어는/ 듣기만 해도 사람들에게 활기를 주고/ 웃음을 주고 넘치는 에너지를 줍니다. 반면, 부정적인 단어는// 떠올리기만 해도 사람들을 화가 나게 하고/ 불안하게 하고 분위기를 어둡게 만듭니다. //
지금, 당신은 어떤 말을 하고 있습니까?

14. 단어와 문장 강약고저 스피치

문장 중에 강조되는 단어에 힘을 주고 그 내용을 강조한다. 그러므로 문장에 힘이 있게 된다. 강조에는 주어, 대상, 행위, 상황 등 어조와는 다르게 강약의 음성 변화에 중요한 의미를 가지고 있다.

· **주어를 강조**

나는 절대로 찬호를 때리지 않았다.

〈**그는** 어젯밤 내 시계를 훔쳤습니다.〉
〈그는 **어젯**밤 내 시계를 훔쳤습니다.〉
〈그는 어젯**밤** 내 시계를 훔쳤습니다.〉
〈그는 어젯밤 **내** 시계를 훔쳤습니다.〉
〈그는 어젯밤 내 **시계**를 훔쳤습니다.〉
〈그는 어젯밤 내 시계를 **훔쳤습니다.**〉

문장의 강약고저 스피치를 훈련은 목소리에 점층적으로 변화를 주는 것이다. 그러면 스피치에 리듬감을 갖게 된다.

· 예문

　　　　될 수 있다.

　　명강사 ↑

나도 ↑

15. 음성의 높낮이 훈련하기

음성은 가장 낮은 음성 10음에서, 가장 높은 음성 100음까지 있다. 음성에 높낮이를 주어야 톤에 변화를 주어 단조로움과 지루함을 피하고 생동감 있는 스피치를 할 수 있다. 음성의 높낮이를 자유자재로 발성할 수 있다.

· **음성 높낮이 훈련하기**

예문: "나는 할 수 있다."

높낮이: 10 → 100,　100 → 10,　50 → 100,

　　　　70 → 30,　40 → 80,　90 → 20

　　　　10 → 20,　20 → 30,　30 → 40,

$$40 \rightarrow 50, \quad 50 \rightarrow 60, \quad 60 \rightarrow 70,$$
$$70 \rightarrow 80, \quad 80 \rightarrow 90, \quad 90 \rightarrow 100$$

· 목소리 크기를 5단계로 나누어 훈련하기

1은 가장 작은 목소리, 2,3,4 순차적으로 조금씩 크게 말한다. 5는 가장 큰 목소리를 의미한다.

1 = 목소리에 컬러를 입혀라.

2 = 목소리에 컬러를 입혀라.

3 = 목소리에 컬러를 입혀라.

4 = 목소리에 컬러를 입혀라.

5 = 목소리에 컬러를 입혀라.

16. 복식호흡법 훈련하기

복식호흡법은 배에 숨을 가득 채운 다음 숨을 끌어올려 말한다. 들숨과 날숨으로 호흡을 하되, 공명점을 찾아 울림의 소리를 낼 수 있다.

좋은 목소리는 복식호흡법으로 발성해야 한다. 숨을 크게 들이마신

다음 "아~~" 하고 20초 동안 숨이 끊어지기 직전까지 뱉어본다. 호흡이 길어야 좋은 목소리를 낼 수 있다. 기본 20초는 끌어줄 수 있어야한다. 그래야 성량이 좋고 목소리에 자유자재로 변화를 줄 수 있기 때문이다.

- 기본 20초 끌어주기: "아~~"
- 파도가 치듯 발성하기: "음~~"

· **복식호흡 훈련법**
① 코로 공기를 폐 속 깊숙이 들이마신다. 이때 배는 풍선의 원리처럼 팽창하게 된다. 입은 다물고 코로 공기를 최대한 마신다.
② 그런 다음 2초 정도 멈추었다가, "후~" 하면서 천천히 입으로 모두 뱉는다. 숨을 길게 쉰다는 것이다.
③ 이번엔 한쪽 콧구멍을 막고 다른 한쪽으로만 숨을 쉰다. 이 과정을 교대로 반복한다. 이때 호흡이 배 밑으로 내려가게 하면, 그것이 바로 단전호흡이다.

이와 같은 과정을 약 10분 동안 반복하여 훈련한다. 그러면 곧 배로 숨 쉬는 복식호흡법을 갖게 될 것이고 호감 가는 나만의 좋은 목소리를 낼 수 있게 된다.

17. 배를 강화시키는 호흡법 훈련하기

배를 강화시키는 호흡법은 우선 충분한 공기를 마신다. 마치 풍선에 바람을 불어 넣듯이 충분히 깊이 호흡을 들여 마신다. 호흡을 조금만 내쉬고 많이 들여 마신다. 배에 힘이 들어가는 듯이 느껴지게 된다. 이때 속에 있는 나쁜 기운이 바깥으로 나가고 신선한 기운이 안으로 들어온다.

· 배에 힘이 들어가는 호흡법 훈련하기
① 호흡을 들여 마신다.
② 매일 5분에서 10분 정도 한다.
③ 이러한 호흡법을 반복한다.

훈련 요령으로는 1~4를 셀 때까지 숨을 들이쉬고, 1~2를 세는 동안 숨을 멈추고 최대한 길고 끊어지지 않게 "후~~" 소리를 낸다. 나의 경우지만 효과로는 덜 피곤을 느끼며 몸이 가볍고 부드러워지게 된다. 또한 자신감이 생기며 여유가 생긴다. 무엇보다도 자신의 목소리가 달라진다. 점점 굵어지고 부드럽고 윤택하게 말이다. 말이 쉽게 흘러나오며 묵직한 소리를 가지게 된다.

· **부르짖는 훈련법 3가지**

　① 배에 힘을 주고 크게 외치는 것이다.

　② 배에 힘을 주고 낮은 목소리로 외치는 것이다.

　③ 배에 힘을 주고 책을 읽거나 노래를 부르는 것이다.

◆ **실전, 스피치 사례별 발표하기**

- 인사말
- 자기소개
- 축사
- 격려사
- 월례회 인사말
- 정보 전달
- 강의
- 발표
- 회장 선거
- 성공 경험담
- 유튜버 진행

5 부

파워스피치 대가
정병태 박사의
막힘없는
스피치 기술 100가지

대가들이 구사하는
스피치 비법 100가지

역시 대가들이 구사하는 스피치는 다르다.

남들과 다른 스피치를 통해 자신의 메시지를 전하고 설득한다.

그러기 위해 남들과 다른 자신만의 스피치를 구사한다.

특히 독특함과 전문성, 나아가 진정성을 담은

차별화된 스토리텔링으로 가공하여 전한다.

온 정성과 최선을 다해가며 보여줄 수 있는 모든 것을 다 보여준다.

그때 비로소 청중의 마음을 사로잡을 수 있다.

◆ 유창하고 뛰어난 대화법 3가지

어떤 상황에서도 대화를 잘 풀어가는 비결

1	다독(多讀)	먼저 좋은 연설문과 다양한 글을 많이 소리 내어 읽는다. (많이 읽음)
2	다연(多演)	기회가 주어지면 마치 실전같이 해본다. (많이 연습)
3	다견(多見)	다른 사람의 연설을 많이 보고 따라해본다. (많이 봄)

◆ 프로 말꾼의 3가지 공통점

누구 앞에서도 말이 막히지 않는 비법

4	전달자의 전문성	전달자로서의 전문 실력과 요건을 갖춘 사람 이어야 한다.
5	자신만의 독특한 기법	자신만의 독특한 커뮤니케이션 스킬로 청중 과 공감한다.
6	차별화된 콘텐츠	자신의 분야에서 가장 강점이 있는 부분을 콘텐츠로 제시한다.

◆ 스피치를 준비하는 훈련법 3가지

스피치 잘하는 능력을 갖추기 위한 준비 개발법

7	스피치 원고를 짧게 문단 나누기	작성한 원고를 짧은 문단으로 나눈다. 문단별로 나누기를 우선적으로 한다.
8	여러 번 반복해서 읽기	준비한 스피치 원고를 소리 내어 읽는다. 거의 암기할 정도로 읽고 또 읽는다.
9	실전처럼 활용해보기	실전 생활 속에서 실전처럼 스피치를 활용해 본다.

◆ 스티븐 코비의 스피치 기술 4가지

청중의 관심을 유도하는 기법

10	독특하게 시작하기	누구도 예상치 못한, 흥미롭고 참신한 아이디어로 시작하라.
11	청중 참여시키기	질문이나 퀴즈, 또는 유머, 칭찬 등 다양한 방법으로 청중을 참여시킨다.
12	스토리텔링으로 시작하기	구수한 이야기, 예화, 사례 등 의미있는 스토리로 전한다.

13	리듬감과 생동감 주기	스피치에 리듬감, 생동감, 템포 등을 주어 신나게 한다.

◆ 고대 최고 웅변가 데모스테네스의 스피치 훈련법 6가지

고대 그리스의 가장 뛰어난 대(大)웅변가 데모스테네스는 말더듬이였으나 그는 피나는 노력과 훈련으로 역사상 최고의 웅변가로 활동하게 된다. 그의 훈련법 6가지를 공개한다.

14	볼펜이나 나무 젓가락을 입에 물고 연습하기	정확하고 뚜렷한 발음을 하게 된다. 좋은 발성력을 갖게 된다. 입에 물고 하루 10분 큰 소리로 글을 읽는다.
15	거울을 벗삼아 나만의 제스처, 몸짓언어 개발하기	거울을 스승 삼아 지속적인 훈련을 통해 나만의 제스처 및 몸짓언어를 개발한다.
16	나의 그릇된 태도나 말버릇 교정하기	나의 나쁜 언어태도, 이를테면 시선처리, 군더더기 소리, 움직임 등을 집중적으로 교정한다.
17	다양한 독서로 좋은 어휘력 능력 키우기	다양한 독서를 통해 좋은 소재를 축적하고 지적인 능력을 갖춘다.

18	복식호흡 갖추기	굵고 힘 있으며 신뢰감을 주는 목소리는 복식 호흡법에서 만들어진다.
19	지독한 연습, 훈련, 반복 준비	최고의 스피치는 끊임없는 연습, 훈련, 그리고 반복에 의해서 만들어지는 것이다.

◆ 1%가 다른 스피치 기술

단번에 청중을 사로잡는 사람들의 1%가 다른 스피치

20	리허설을 통해 철저하게 준비	사전에 리허설, 예행연습 등을 통해 철저히 연습하고 준비한다.
21	얼굴 표정 및 제스처에 능숙	첫인상에 많은 신경을 쓴다. 그래서 표정, 자 세, 제스처 등을 갖추어 말한다.
22	자신의 경험적 이야기로 시작	주제에 맞는 자신의 경험을 흥미롭게 전한다.
23	목소리의 강약고저 능력	목소리의 변형을 주어 강하게 각인 시킨다.
24	부드러운 카리스마	매끄럽고 부드러우며 섬세한 카리스마를 갖 춘다.
25	수시로 청중을 향해 질문	질문화법, 배려화법 등을 적절히 잘 사용한다.

26	공통의 관심사 주제	공통의 관심사를 화제로 삼아라. 청중은 귀를 세워 들을 것이다. 이를 테면 건강, 성공, 성, 출세 등 말이다.
27	멈춤(쉼표)와 침묵을 활용	잠시 스피치를 멈추는 것이다. 그저 청중만 몇 초 바라본다. 잠깐의 침묵은 느슨해지는 긴장감을 다독여준다. 잠시 쉼표와 침묵은 스피치의 생명이다.
28	사례와 예화를 사용	스피치의 가장 매력은 사례와 예화, 인용을 하는 것이다. 주제에 맞는 예화를 제시한다. 자신의 경험을 팔아라.
29	유리한 환경을 구축하기	미리 장소에 대한 정보를 갖고 연습한다. 환경을 미리 두뇌에 입력시켜 구상한다.
30	청중을 파악하기	지피지기 백전백승이다. 상대방에 대한 객관적인 정보를 통해 정확한 메시지를 제공한다.
31	친밀감 형성하기	사람들은 자기와 비슷한 사람을 좋아한다. 가벼운 유머나 스킨십으로 상대방을 편안하게 해 준다.
32	독특하게 시작하기	독특한 시작은 청중의 관심을 집중하게 된다. 독특하고 기발한 시작이 청중의 기대에 부응한다.
33	청중을 참여시키기	곧바로 질문으로 참여시킨다. 또는 청중들이 그룹으로 나눌 수 있는 시간을 갖는다.

34	감성적 스피치로 전달하기	오감을 활용하여 감성적 커뮤니케이션을 한다. 감각적인 표현을 잘 활용한다.
35	도구 활용하기	다양한 도구나 소품을 활용한다. 도구는 청중의 주의를 집중하게 만드는 중요한 도구이다.
36	청중의 반응과 태도 읽기	청중의 태도나 자세, 시선 등을 통해 이해와 반응의 상태를 파악할 수 있다.
37	이미지 메이킹 갖추기	첫인상은 감동적인 스피치로 나아가는 지름길이다. 내용의 신뢰도 높여주는 중요한 요소이다.

◆ 좋은 스피커의 자세 8가지

38	몸을 꼿꼿이 세우기(바른자세)	구부린 자세는 보기 흉하고 음성도 흐릿하고 말의 매듭도 불명확하다. 좋은 자세에서 좋은 말소리가 나온다.
39	함부로 웃지 말기	말을 하면서 실없이 웃지 않는다. 그것은 청중으로 하여금 신뢰도를 떨어트릴 수 있다.
40	열심, 열의를 갖기	열심, 열의는 자신의 많은 결점을 메꾸어 주며 청중을 집중하게 한다.
41	용기(자신감)을 갖기	용기와 자신감이 바탕이 된 사람의 목소리는 위력적이다. 용기를 가질 때 배짱과 자신감이 생긴다.

42	명료한 언변으로 말하기	명료하고 또박또박하게 말해야 듣는 이가 수용한다.
43	박식한 사람이 되기	말의 기본은 아는 것에 있다. 많은 독서와 정보와 가치를 축적해야 한다. 적절한 단어와 어휘, 풍부한 이야기 소재를 갖춘다.
44	품위 있는 이미지 만들기	외모에서 호감이 가야 청중을 집중하게 만들 수 있다. 의상, 머리 등 단정하게 용모를 가꾼다.
45	초고 작성하기	완전한 연설엔 반드시 초고가 필요하다. 초고에 많은 공을 들이면 좋은 스피치가 될 수 있다.

◆ 가장 기본적인 말하기 4가지 원칙
....

46	천천히 말하기	쉼과 쉼이 분명하게, 중요한 의미를 이해하는 데 도움을 줄 수 있도록 한다.
47	큰 목소리로 말하기	멀리 뒤에 있는 사람들까지 분명하게 이해할 수 있도록 한다.
48	또박또박 발음하기	발음 발성 훈련을 통해 발음을 또박또박한다.
49	자연스럽게 말하기	부자연스럽게 꾸민 음성이 아닌 자연스럽게 말한다.

◆ 좋은 목소리의 기본적인 6요소

50	빠르기를 조절하여 말하기	주어진 시간 내에 정확한 소리로 얼마나 말을 하느냐에 관한 문제다. 호흡의 완급 조절 능력을 말한다.
51	크기를 조절해 말하기	멀리 뒤에 있는 사람까지 알아들을 수 있는 목소리를 말한다.
52	높낮이를 조절하여 말하기	대화를 하듯 자연스러운 억양으로 발표한다.
53	길이를 구분해 말하기	긴소리와 짧은 소리를 구분해 말한다.
54	쉬기(멈춤)를 적절히 활용하기	목소리를 내지 않고 잠깐 멈추는 시간을 말한다. 서론, 본론, 결론으로 넘어갈 때는 쉬어주는 것이 좋다.
55	힘주어 말하기	자신이 강조하고자 하는 중요한 단어나 구에 강세를 주어야 한다. 주로 명사, 동사, 부사, 형용사 등을 강조한다.

56	칭찬과 감사의 말로 열기	언제 어디서나 첫마디는 칭찬과 감사의 말로 시작하라. 도입부 스피치에서 활용하는 것이 효과적이다.
57	나만의 에피소드로 이야기하기	나만 할 수 있는 개인적인 경험을 이야기하라. 그러면 청중은 마음을 열고 경청할 것이다.
58	유머로 스피치 하기	유머나 재밌는 이야기는 사전에 철저한 준비가 필요하다. 평소에 유머집을 만든다.
59	다연스피치, 모든 스피치를 실전처럼 훈련하기	기회가 주어지면 실전처럼 스피치하라. 다연은 애드리브 능력도 향상시킨다. 평소 대화도 실전처럼 훈련하라.
60	몸짓 언어를 사용하고 나만의 제스처 개발하기	청중들의 시선을 장악할 나만의 몸짓언어를 개발하라.
61	온몸으로 좋은 스킨십을 하고 친밀감 언어를 사용하기	적절한 공간적 언어와 심리적 언어를 사용하라. · **공간적 언어**: 친밀한 거리, 개인적 거리, 사회적 거리, 공적거리 · **심리적 언어**: 청중 이름 불러주기, 시선 맞추기 등

62	시청각적인 전달 언어, 이미지로 말하기	미소 짓기, 경청, 자세, 옷차림, 걸음걸이 등이 모든 비언어적인 기법이 최고의 커뮤니케이션 언어다.
63	인간미를 더한 스피치 하기	인간미가 담긴 이야기를 한다. 사실과 사람의 신원을 밝혀 현실감 있게 말해야 한다.
64	구체적으로 묘사하기	구체적으로 그림을 그리듯 이야기한다. 육하원칙을 활용해 생생하게 묘사한다. 실물, 인용구, 도표, 통계수치, 인물, 장소, 날짜, 자세한 묘사 등을 사용하면 효과적이다.
65	클라이맥스 (절정)가 있는 이야기하기	스피치의 클라이맥스를 미리 결정하라. 적절한 감정표현을 사용해 긴장감 있는 이야기로 전하라.
66	말의 시각화, 영상화하기	한편의 짧은 동영상이나 사진은 1시간의 연설보다 뛰어난 효과를 가져다준다. 손짓, 몸짓, 표정, 목소리, 동작, 역동적인 스피치로 시각화하라.
67	쉽고 단순한 말로 하기	짧고 간결한 문장, 세밀한 묘사, 속담, 비유, 뚜렷한 말, 핵심을 전달하는 말을 사용하라.
68	강한 어조와 우렁찬 목소리로 말하기	강한 어조, 강세, 열정적인 표현력 등을 고려해서 전달하라. 복식호흡을 연습하라.
69	시선 커뮤니케이션 사용하기	눈은 모든 감정의 창구다. 입에서 나오는 말과 동시에 시선처리도 동일하게 처리해야 한다.

◆ 강약고저의 스피치 기법 6가지

70	단어 강약고저 스피치 훈련	문장 중에 강조되는 단어에 힘을 주고 그 내용을 강조한다.
71	문장 강약고저 스피치 훈련	주로 긴 스피치를 할 때 사용하며 미리 말할 내용을 예고하거나 중간 요약과 마지막 정리에 사용한다.
72	연결어 강약고저 스피치 훈련	문간을 이어주는 연결어를 강약고저를 활용한다. 결과, 원인, 번호, 그 외의 연결어에 사용한다.
73	질문형 강약고저 스피치 훈련	청중을 참여시키거나 스피치에 변화를 주고자 할 때 흔히 사용한다. 질문은 청중이나 상대를 배려하고 존중해야 한다.
74	단어 열거법 강약고저 스피치 훈련	여유 있게 이끄는 스피치에 많이 활용되며 대표적으로는 세 단어 열거법이 있다.
75	점층법 강약고저 스피치 훈련	1단계, 2단계, 3단계의 점층을 구분시킨 클라이맥스 형태의 전달법을 말한다.

◆ 최고의 명스피커가 되기 위한 훈련법 9가지

76	평소에 소리 내어 책 읽기	발음과 발성에 신경 쓰며 큰소리로 읽는 훈련을 하면 발음과 발성을 교정하는 데 큰 도움이 된다.
77	볼펜 물고 하루 15분씩 글을 읽어가며 발음 훈련하기	발음이 잘 안 되는 문장을 볼펜을 입에 물고 책을 읽어본다. 한 달 이상 꾸준히 하면 효과를 볼 수 있다.
78	발음이 어려운 단어나 문장 집중적으로 훈련하기	발음이 안 되는 문장을 되새기며 반복적으로 읽고 연습한다. 어휘력 노트를 만들어 반복 훈련한다.
79	평상시 바른말, 긍정의 말 사용하기	평상시 어휘를 다듬는다. 바른말, 긍정적인 말을 의도적으로 사용한다.
80	말끝을 명확하게 끝내는 습관 갖기	말끝을 흐리지 않는 것만으로도 자신감 향상에 큰 도움을 준다.
81	대면 훈련법을 통해 자신감 갖기	기회가 있을 때마다 사람들 앞에 나가 청중을 바라보는 대면 연습을 통해 자신감을 얻는 훈련을 한다.
82	무대 위에서의 작은 동작 훈련하기	작은 동작을 통해서 자신의 페이스를 유지할 수 있고 긴장을 완화시킬 수 있다.
83	말할 주제로 이야기를 시작하는 훈련하기	사람들 앞에 서서 발표할 주제로 말을 시작하거나 결론을 먼저 제시하고 전개해 나가는 것도 좋은 훈련이 된다.

84	점층법 강약고저 스피치 훈련	1단계, 2단계, 3단계의 점층을 구분시킨 클라이맥스 형태의 전달법을 말한다.

◆ 기본 발성 훈련을 위한 수사 훈련법 7가지

85	어려운 발음 기본 연습하기	큰 소리로 입을 크게 벌리고 "아~" 하고 길게 20~30초간 계속하여 소리를 낸다. 발음이 어려운 단어들을 모아 복식호흡이나 큰 소리로 말하는 연습을 한다.
86	짧은 문장으로 발음 연습하기	성대를 가능한 많이 열고 큰소리로 읽되 문장 하나를 한 호흡으로 끝까지 읽는다. 발음이 안 되는 것은 반복해서 읽는다.
87	어려운 말을 바르게 또박또박 발음 훈련하기	1. 저기 저 뜀틀이 내가 뛸 뜀틀인가 내가 안 뛸 뜀틀인가. 2. 작년에 온 솥장수 헌 솥장수이고, 금년에 온 솥장수는 새 솥장수이다.
88	정확한 음가를 내기 위한 훈련하기	가게기고구/나네니노누/다데디도두 라레리로루/마메미모무/바베비보부 가네디로무/나네리모부/다레리보수 라메비소우/마베시오주/바세이조추
89	강한 호흡 훈련하기	탓탓탓/타타타타타 팥팥팥/파파파파파 꽉꽉꽉/콰콰콰콰콰 칙폭/칙폭/칙폭/칙폭/칙폭

90	뛰면서 노래 부르기	이 훈련에서 부를 노래는 부르기가 쉽고 박자에 맞춰 손뼉 치며 부르기 좋은 노래로 선곡한다.
91	어려운 120단어 정확한 발음 훈련하기	느부갓네살,바알헤르몬,아브라함,이스할,아히못,디글랏빌레셀,벧세메스,야곱,애드니,에비아삽,다말,이르라히야르호보암,야아레시야

◆ 좋은 오프닝 스피치 기법의 주의사항과 요령

92	변명이나 핑계를 늘어놓지 말기	자신감 없는 듯한 태도로 이야기를 하면 듣는 사람의 흥미를 떨어트리고, 청중은 자신의 귀중한 시간을 허비한다고 생각하게 된다.
93	처음부터 유머나 우스갯소리로 말문을 열지 말기	유머는 청중의 관심을 이끄는 데 중요한 요소지만 유머로 말을 시작하는 건 바람직하지 않다.
94	사과하는 말로 시작하지 말기	부족함을 드러내거나 준비되지 않았음을 보이는 말로 시작하지 마라. 청중과의 기선제압에서 실패하면 청중은 듣지 않는다.
95	주제를 색다르게 표현하는 말로 시작하기	첫마디에서 호기심을 불러일으키는 말로 시작하라. 질문이나 갸우뚱 거릴 문장으로 입을 뗀다.

◆ 청중 연구하기

96	청중 연구하기	**누가 청중인가?** - 누가 참석하는가 - 몇 명이 참석하는가 - 연령대와 사회적 위치는 어떤가 - 동기는 무엇인가 - 무엇을 알고 있으며, 무엇을 모르는가

◆ 근거자료 모으기

97	근거자료 모으기	- **논리적 결론** 　전문가 인용, 참조, 통계, 연구결과, 시연 - **감정적인 효과** 　예) 생생한 소식, 비교, 이야기, 농담

98	주장과 진술 확보하기	주장은 전달하고자 하는 메시지의 근거를 마련해준다. 매 주장을 뒷받침해줄 수 있는 진술을 3-5가지 마련한다. · **주장 1** 　진술 1 　진술 2 　진술 3 · **주장 2** 　진술 1 　진술 2 　진술 3 　진술 4

◆ 근거자료 구조
....

99	근거자료 구조	**1. 결론형 도식**: 부정적인 주제에 유용 논증 1 논증 2 논증 3 진술 **2. 설명형 도식**: 긍정적인 주제에 유용 진술 논증 1 논증 2 논증 3 **3. 정보형식**: 진술을 분명하고 기억에 남음 진술 논증 1 논증 2 논증 3 진술의 반복

◆ 좋은 클로징 스피치 방법

100	- 자신이 한 연설의 요지를 요약한다.
	- 행동을 호소하라.
	- 간단하지만 충심에서 우러나오는 칭찬을 하라.
	- 유머러스한 마무리, 어떻게 청중들의 웃음을 유도할 것인가?
	- 자신의 스피치를 뒷받침하기 위해 유명한 성경 말씀을 인용한다.
	- 클라이맥스를 도입한다.
	- 시를 인용한다.
	- 중요한 생각과 원리는 반복해서 언급하라.
	- 시각에 호소하라.(그림, 전시물, 도안, 영상)
	- 사례, 간증, 이야기, 통계 등으로 마무리 할 수 있다.
	- 주제에 연관된 노래로 마무리 할 수 있다.

6부

바로 써먹는
실전 활용 양식
12가지

1. 나의 스피치 능력 평가하기(자가평가 20가지)

　자신의 언어적 요인과 비언어적 요인을 잘 구성하여 구체적으로 평가함으로서 스피치의 능력을 개발할 수 있다. 스피치의 세부 구성요인은 아래와 같다.

항목	스피치 자가 평가	평가내용
콘텐츠	1. 스피치의 목표와 주제는 명확했는가? 2. 스피치의 아이디어와 정보가 훌륭했는가? 3. 다양한 종류의 자료를 준비했는가? 4. 내용이 청중의 흥미, 지식 정도, 태도에 적당한 것이었나? 5. 충분히 연구한 흔적이 있는가?	
조직 구성	6. 도입부 및 서론은 청중의 흥미를 유발했는가? 7. 스피치의 주제를 강조하여 말했는가? 8. 서론, 본론, 결론 등으로 잘 전개되었는가? 9. 결론이 잘 이루어졌는가?	
언어 스타일	10. 구어체, 대화체 스타일이었는가? 11. 표현력이 좋았는가? 12. 강약고저 등의 언어가 생생했는가? 13. 언어 스타일은 청중에게 적절했는가?	

전달	14. 열정적으로 보였는가? 15. 청중을 보고 말하였는가? 16. 자연스럽게 말하였는가? 17. 발음과 발성, 억양이 적절하였는가? 18. 좋은 자세를 보여주었는가? 19. 몸 움직임과 제스처는 적절했는가? 20. 청중의 반응은 좋았는가?	
평가	A: 훌륭함, B: 좋은, C: 만족, D: 보통, E: 부족함, F: 노력이 필요	

2. 자신의 목소리 진단하기

　우선적으로 불안증 떨림증 초조 등을 극복하기 원한다면 자신의 강의, 발표, 대화시 목소리와 말투 등을 면밀하게 관찰해 보라. 자세히 관찰하게 하고 개선해야 할 점들을 발견하는 것이 좋은 말꾼이 되는 첫 번째 지름길이다. 자신의 발표력 장단점을 파악하는 것이 매우 중요하다. 특히 자신의 발성, 발음, 리듬감, 호흡, 강약고저, 말투 등의 점검이 필요하다.

번호	스피치 자가 평가	체크 점수	비고
1	나의 목소리 크기가 적절한가?		
2	말하는 강약속도가 적당한가?		
3	발음은 또박 하고 정확한가?		
4	목소리에 악센트 효과가 있는가?		
5	목소리가 안정되고 차분한가?		
6	목소리에 감성이 들어가 있는가? (감정이입능력)		
7	몸동작의 효과를 주고 있는가? (제스처)		
8	시선처리 능력, 말할 때 사람들의 얼굴을 살펴보는가?		
9	시각적 효과가 있는가?		
10	전달에 열의가 느껴지는가?		
11	발표에 준비된 시작과 끝이 있는가?		
12	청중들이 참여할 기회는 주는가?		
13	청중들을 적절히 칭찬했는가, 또 격려했는가?		
14	호기심, 기대감, 동기부여를 유도하는가?		
15	주어진 시간을 잘 지켰는가?		
16	스피치에 끝맺음(결론)이 있는가?		
합산 결과(만점 160점)			

3. 명 말꾼이 되는 비결 10가지

아래의 항목은 명 말꾼이 되기 위해서 반드시 갖추어야 할 요소들이다. 다음의 항목에 자신의 대답을 써보자. 〈그렇다, 아니다〉로 체크한다.

번호	내용	체크
1	자신을 구속하는 껍질을 깨고 자연스럽게 스피치를 하는가?	
2	남의 것을 흉내 내지 않고 자신의 독특한 개성을 살리고 있는가?	
3	스피치에 내 진심과 열정을 투입하고 있는가?	
4	나는 철저히 준비하였는가?	
5	기쁜 마음으로 성실성을 가지고 말하고 있는가?	
6	누구나 알기 쉬운 용어를 사용하고 있는가?	
7	공명하고 명료하며 정확한 발음을 하고 있는가?	
8	청중의 심리와 욕구가 무엇인가를 충분히 파악하고 있는가?	
9	발표 불안 현상을 가지고 있는가?	
10	자신감은 갖고 스피치를 하고 있는가?	

4. 나의 제스처 점검하기

나의 표정, 자세, 몸짓 등을 점검해보자.

번호	내용	체크
1	강의나 발표를 시작함과 동시에 손 제스처를 하는가? (적절한 위치에 있는가)	
2	손의 제스처가 반복되지 않고 다양한가?	
3	몸 움직임은 전체적으로 훌륭한가?	
4	말의 내용을 손 제스처가 잘 반영하는가?	
5	습관적으로 손이 머리와 얼굴을 만지지는 않았는가?	
6	서 있는 자세의 중심이 앞을 향했는가?	
7	발 제스처에 힘과 유연함이 느껴지는가?	
8	불필요한 제스처는 없었는가?	
9	스피치에 대한 열정이 보이는가?	
10	제스처가 품위 있었는가?	
11	표정은 편안하고 맑게 유지했는가?	
12	적절히 여유와 미소를 머금고 전했는가?	

5. 나의 마음 상태 자가 점검하기 self check

　평소 나의 마음 상태가 어떤지 정확히 파악하는 것이 매우 중요하다. 나의 마음 상태를 스스로 점검하고 그 원인이 무엇인지를 파악하고 난 후 그 문제를 해결하는 훈련이 필요하다.

- □ 평소에 근심이 많다.
- □ 귀가 얇아 무엇인가에 잘 빠진다.
- □ 의지와 결단력이 약하여 오래가는 것이 없다.
- □ 두려움을 쉽게 갖는다.
- □ 사소한 말 한마디에 쉽게 상처를 받는다.
- □ 새로운 사람과의 대인관계가 피곤하다.
- □ 삶이 무기력하다.
- □ 강한 사람의 목소리만 들어도 가슴이 뛴다.
- □ 평소에 자신이 싫어하는 것을 남들이 요구할 때 잘 거절하지 못한다.
- □ 하고 싶은 이야기가 있어도 막상 하지 못한다.
- □ 남의 눈치를 지나치게 보느라고 말이나 행동을 못한다.
- □ 어떤 일에 열심히 하다가 조금 지나면 그 열정이 금방 식어버린다.
- □ 막상 사람들 앞에 서면, 해야 할 말을 까맣게 잊어버린다.
- □ 사소한 일에도 아주 신경을 많이 쓰고 잠도 잘 못 이룬다.
- □ 말이 많고 말이 빠르다.

- 위에서 체크된 항목은 몇 개인가?
- 지금의 상태는 어떤가?
- 그 항목의 원인이 무엇이라 생각하는가?
- 상담을 원하는가?

6. 나의 스피치 평가표

◆ 스피치 & 전달법 크리틱 시트(Critique Sheet)

점검자: 정병태 교수   발표 주제 :

이름:	Bad/Medium/Good/Excellent						일자:			
번호	평가 내용	B	M	G	E	평가 내용		B	M	G	E
1	인사					전문성	경험이 있어 보인다.				
2	도입부						자격을 갖추었다.				

3	제스처 (몸짓)					안정감 있다.			
4	시선 처리					믿음직스럽다.			
5	음성(발성) 정확성					지적으로 보 인다.			
6	속도 (강약고저)				신뢰성	남을 배려한 다.			
7	다양성 (암기, 참여)					따뜻하다.			
8	청중반응도					겸손해 보인 다.			
9	열정 (자신감)					친근감을 준 다.			
10	준비상태					예의 바르게 보인다.			
11	외모 (첫인상)				역동성	사교적일 것 이다.			
12	편안함 (자유)					쾌활해 보인 다.			
13	발표 태도					세련되었다.			
14	어휘의 적절성					적극적일 것 이다.			
15	내용 (논리성)					화려하다.			
16	표현력				유머성	유머적 감성 을 지녔다.			

17	마무리 (결론)				실례, 증거 등 을 제시한다.			
18	질문하기			문어체	구어체로 말 한다.			
19	시청각적 언 어				문장력을 갖 추었다.			
20	스토리적 구성							
	합계							

논평(코멘트)

7. 전달 요지 스피치 원고

일자:

발표자:

제목(목적):

OS:

〈도입부〉

서론

본론

   1.

   2.

   3.

결론

CS:

8. 논리적(서론 본론 결론) 스피치 발표 원고

일자: 발표자:

제목:

도입부	O.S.	
	서론	
본론		
결언부	결론	
	C.S.	

9. 스피치 심사 기준 및 배점

이름:

심사 기준	배점	심사항목	점수 (B/G/E)
원고 내용	20	이야기 구성력	
		주제와 일치 여부	
		다중이 공감할 수 있는 설득력과 논리성	
		연사 수준에 맞는 문장 및 어휘 구사력	
		원고의 표절 여부	
발표력	25	원고 내용과 상이한 표현 여부	
		사투리, 속어, 외래어, 전문어 사용	
		시종 분위기 압도 능력	
발음 및 억양	25	발음의 정확도와 호소력	
		음성의 억양, 기교, 고저 강약의 적절한 조화	
태도	15	등·하단시 자세	
		발표 시 동작 및 태도	
		동작에 맞는 얼굴표정 및 시선의 적절한 안배	
		시선을 끌기 위한 소품 등의 소지	

반응	15	청중의 박수와 호응도	
		의도적 반응 유도 여부	
심사평			

10. 스피치 능력 계발을 위한 실천 체크

결과 점수											
12주											
11주											
10주											
9주											

항목	칭찬 하기	인사 하기	약속 지키 기	메모 하기	운동 하기	독서/ 책 읽기	문자 소통	구호 외치기	아침형 사람 되기	생일 /감사 나누기	경청 하기	첫인상 (긍정)	친절 하기
8주													
7주													
6주													
5주													
4주													
3주													
2주													
1주													
세부 실천													

11. 스피치 발표하기 노트

생각 나눔	느낌 적기

12. 학습 요지

대한민국 스피치 30년 전통

스피치 마스터: 정병태 교수

말, 대화, 설득, 스피치, 프레젠테이션, 강의, 연설의 마스터

정병태 교수의 1:1 맞춤 스피치 코칭

CEO 스피치 수업

기업 강의 전문가

사내 리더십 스쿨

독서 글쓰기 수업

면접, 태도, 발표, 자기소개 코칭

인문학 강사 양성과정

CEO 인문학 수업

010.5347.3390

jbt6921@hanmail.net